Frank McNally

111 Orte in Dublin, die man gesehen haben muss

Mit Fotografien von Róisín McNally

111

emons:

Bibliografische Information der Deutschen Nationalbibliothek
Die Deutsche Nationalbibliothek verzeichnet diese Publikation in der Deutschen Nationalbibliografie; detaillierte bibliografische Daten sind im Internet über http://dnb.d-nb.de abrufbar.

Deutsche Fassung: Antoinette Gittinger

Layout: Eva Kraskes, nach einem Konzept
von Lübbeke | Naumann | Thoben
Kartografie: altancicek.design, www.altancicek.de
Kartenbasisinformationen aus Openstreetmap,

Druck und Bindung: B.O.S.S Medien GmbH, Goch
Printed in Germany 2016
ISBN 978-3-95451-853-1

Vorwort

Auch wenn Sie anderes gehört haben – Dublin ist eine Stadt, in der man direkt auf den Punkt kommt. Das ist aber lediglich darauf zurückzuführen, dass eine der Endstationen einer Hauptstraßenbahnlinie »The Point« heißt. Ansonsten, vor allem im Gespräch, sind die Dubliner gern weitschweifig. Die irische Hauptstadt ist eine Stadt der Geschichtenerzähler. Und ja, sie sind auch bei den Nobelpreisträgern für Literatur stark vertreten. Außerdem gibt es alle Inschriften in der Stadt, von den Straßenschildern bis zu den Gedenktafeln, in mindestens zwei Versionen (eine auf Englisch, die andere – die häufig vorgibt, einzig die unverfälschte Wahrheit über eine Sehenswürdigkeit wiederzugeben – auf Irisch). Es überrascht also nicht, dass die Dubliner allerlei Garn spinnen.

Dieses Buch will dem Besucher Ab- und Umwege jenseits der überlaufenen Hauptrouten zeigen. Nicht, dass das »Book of Kells«, das Guiness Storehouse und die Temple Bar und all die übrigen touristischen Orte nicht sehenswert wären. Aber diese finden Touristen so oder so. Für unsere 111 Orte haben wir die weniger auffallenden Sehenswürdigkeiten ausgewählt, solche mit guten, aber selten erzählten Geschichten. Dazu zählt zum Beispiel die Statue eines Hundes aus der Revolutionszeit, der ein Stück aus einer der historischen Flaggen herausgebissen haben soll. Oder das Atelier eines Künstlers, das populärer als alle seine Gemälde ist. Und in einer Stadt der Denkmäler weist der Reiseführer auf ein diskretes Schild hin – den meisten Dublinern unbekannt –, das an ein Ereignis vor 130 Jahren erinnert, das immer noch zu heikel ist, als dass es in der breiten Öffentlichkeit beachtet würde.

Einige Orte sind eng mit James Joyce verbunden. Auch ohne Nobelpreis ist er heute mindestens genauso bekannt wie die Preisträger. Sein größtes Werk hat allerdings mehr Berühmtheit erlangt als Leser. Es erzählt die Geschichte eines Mannes, der einen Tag lang durch Dublin schlendert. Unsere Empfehlungen werden Ihnen hoffentlich helfen, genauso viel über die Stadt zu erfahren wie er.

111 Orte

CAMINO BEGINS HERE

1 Die Airfield Farm

Kühe melken in Suburbia

Dundrum ist heute ein gehobener Dubliner Vorort. Doch vor nicht allzu langer Zeit war es noch ein Dorf in ländlicher Umgebung. Schon zu Beginn des 20. Jahrhunderts gab es hier immer noch viele große Häuser, darunter das Anwesen der Overends, einer reichen Familie, zu deren Mitgliedern auch der Vorstandsvorsitzende der Calcutta Stock Exchange gehörte.

Die letzten Nachkommen waren die beiden Schwestern Letitia und Naomi Overend, die wegen ihrer Vorliebe für Autos – darunter auch ein Rolls-Royce von 1927 – bekannt waren, die sie eigenhändig zu reparieren pflegten. Aber sie waren auch bekannt wegen ihrer Jersey-Kühe, die nach Opernfiguren von Gilbert und Sullivan benannt waren. Je weiter sich die Vororte ausdehnten, desto mehr stieg auch der Wert ihrer geliebten Farm, doch die Schwestern schützten sie vor dem Zugriff der Baulöwen. In den 1970er Jahren gründeten sie eine Wohltätigkeitsstiftung, die ihre Farm als Erholungs- und Weiterbildungseinrichtung bewirtschaften sollte. So blieb die Farm auch nach dem Tod der Schwestern – sie starben beide mit weit über 90 Jahren – erhalten.

Inzwischen war die Airfield Farm von Wohnsiedlungen, belebten Straßen und der erneuerten Harcourt-Street-Lokalbahn, der heutigen »Luas Green Line«, umgeben. Zwar mussten seither noch einige »Save Airfield«-Kampagnen durchgeführt werden, doch seit einer 2014 durchgeführten Umgestaltung ist ihre Zukunft jetzt gesichert.

Heute gibt es dort noch immer Jersey-Kühe und auch den Rolls-Royce, der noch voll funktionsfähig ist. Sonst allerdings ist kaum etwas wie in den 1920er Jahren geblieben. Tatsächlich ist Dundrum heute das Synonym für ein riesiges, exklusives Shoppingcenter, ein Mekka für Liebhaber von Designermode und dergleichen. Und doch werden hier die Kühe noch immer täglich gemolken. So erfüllt die Airfield Farm weiterhin ihre Aufgabe, Dublin immer wieder an seine Wurzeln zu erinnern.

Adresse Overend Avenue, Dundrum, Dublin 14, Tel. +353 (0)1/9696666, www.airfield.ie | ÖPNV Buslinien 11, 14, 14c, 44, 44b, 75 oder 116; oder »Luas Green Line« nach Balally | Öffnungszeiten Sept.–Mai täglich 9.30–17 Uhr; Juni Mo–Fr 9.30–17 Uhr, Sa, So 9.30–19 Uhr; Juli–Aug. täglich 9.30–19 Uhr | Tipp Das Melken der Jersey-Kühe findet täglich um 10 und 17 Uhr statt.

2 Der alte Flughafenterminal

Ein Meisterwerk der Moderne oder ein Relikt aus der Frühzeit des Fliegens

Wenn man zu den Millionen von Fluggästen gehört, die mit der Billiglinie Ryanair nach Dublin fliegen, fällt einem vielleicht als Erstes das Relikt aus einer Zeit auf, als das Fliegen viel glamouröser (und teurer) war als heute. Die »Skybridge« führt von Pier D, wo viele Ryanair-Flugzeuge landen, um den ursprünglichen Terminal herum. 1941 fertiggestellt, galt es als Irlands erstes modernes Gebäude.

Der vierstöckige Bau, beeinflusst von Le Corbusier, dehnt sich in eine pfiffige Rundform. Auf der kürzeren Seite sammeln sich die reisewilligen Passagiere, auf der längeren öffnet es sich zu den Rollbahnen hin. Laut Airport-Website sollten die Bogenformen und die abgestuften Etagen »die Linien eines großen Ozeandampfers wiedergeben«. Und von oben gesehen, zusammen mit der Landschaftsgestaltung, sollte der Airport auch wie ein Flugzeug aussehen.

Obwohl Irland damals noch ein armes Land war, bewies der Bau des Terminals das Vertrauen, das man in das Wachstum des Flugverkehrs setzte. Irland hatte, wenn auch mehr zufällig, mehrere große Momente in der Geschichte der Fliegerei. Dazu zählen der erste Transatlantikflug von Alcock und Brown und der berüchtigtere von Douglas »Wrong Way« Corrigan.

Aber da der Flughafen zu einem wirtschaftlich ungünstigen Zeitpunkt eröffnet wurde, erlebte er Anfang der 1940er ziemlich ruhige Jahre. Alle zwei Wochen nur startete ein Flugzeug nach Liverpool. Doch später wurde der Terminal erweitert. 2010 kam der glanzvolle Terminal 2 hinzu, womit eine Kapazität von 40 Millionen Fluggästen pro Jahr geschaffen wurde.

Die gute Nachricht ist, dass das alte Gebäude immer noch genutzt wird. Die schlechte Nachricht ist, dass man es nur noch an Open-House-Wochenenden besichtigen kann. Aber vielleicht bewundern Sie es einfach bei einem Ihrer billigen, glanzlosen Flüge, einem von Irlands aktuellen Geschenken an die europäische Luftfahrt.

Adresse Collinstown, County Dublin, Tel. +353 (0)1/8141111, www.dublinairport.com | ÖPNV Buslinien 16, 41, 102 oder Airlink 747 | Öffnungszeiten Führungen auf dem alten Flughafen finden gewöhnlich am Tag der offenen Tür im Oktober statt (siehe www.openhousedublin.ie).

3 Das alte Löwenhaus

Die Geschichte eines brüllenden Erfolgs

Der »keltische Tiger« war lediglich eine Metapher: ein Schlagwort für den Wirtschaftsboom, den Irland zu Beginn des 21. Jahrhunderts erlebte. Aber lange vor der Tiger-Wirtschaft gab es bereits eine Löwen-Wirtschaft.

Zwischen 1857 und den 1960ern war die sogenannte *Irish lion industry* weltweit führend bei der Aufzucht von Löwen: Die Tiere waren nicht nur wegen ihrer Fruchtbarkeit berühmt – 600 Löwenbabys in einem Jahrhundert –, sondern auch wegen ihrer Größe und Stärke. Alles spielte sich im Dubliner Zoo ab, wo ein Schild am ehemaligen Löwenhaus (jetzt ein Vogelhaus) auf eines der Geheimnisse des Zuchtprojekts hinwies: die »gelegentliche Fütterung mit Pellkartoffeln und einem Schuss Whiskey«. Vielleicht gab es noch weitere örtliche Zutaten – wie in der Zeit um 1900, als ein Hund zur Pflegemutter für eine Gruppe verwaister Löwenjungen gemacht wurde, den ein Journalist als »einen sehr schönen Irischen Setter« bezeichnete.

Dieser Industriezweig wurde in jeder Hinsicht ein riesiger Erfolg. Die Dubliner Löwen waren sehr begehrt und wurden wie Fußballprofis gehandelt. Eine Transaktion ist dokumentiert, wonach zwei Löwenbabys à 200 Pfund »gegen ein Elefantenpaar« gehandelt wurden.

Der Löwe war das Symbol des British Empire im Zenit seiner Macht. Doch die erfolgreiche Dubliner Löwenzucht überdauerte sogar den Übergang zur Unabhängigkeit (1921) und erlebte auch danach noch eine glanzvolle Zeit. Laut einer glaubwürdigen, wenn auch nicht nachweisbaren Geschichte stammte der erste Metro-Goldwyn-Mayer-Löwe aus Dublin. Ursprünglich hieß er Caibre, nach einem mythischen irischen Helden, und wurde dann in die USA exportiert, wo er zu »Slats« wurde. Es hieß, er sei gemietet worden, um Leo, den ersten MGM-Löwen, zu spielen (1924–1928). Er war auch insofern einmalig, weil er der einzige Löwe war, der nicht brüllte. Er war wie die Filme seiner Zeit: stumm.

Adresse Dublin Zoo, Phoenix Park, Dublin 8, Tel. +353 (0)1/4748900, www.dublinzoo.ie | **ÖPNV** Buslinien 25, 26, 46a, 66, 66a, 67, 69; »Luas Red Line« zur Heuston, dann 15 Minuten zu Fuß | **Öffnungszeiten** März–Sept. täglich 9.30–18 Uhr (letzter Eintritt 17 Uhr); Okt.–Feb. jeden Monat anders, Website beachten, Eintritt 13–16 Euro | **Tipp** Falls man den Zoo erst spät besucht, sollte man zuerst das Projekt »Afrikanische Savannen« besichtigen, da dessen Zugang eine halbe Stunde früher geschlossen wird.

4 Der Anna-Livia-Brunnen

Eine Skulptur in der Verbannung

Ihr offizieller Name lautet Anna Livia, sie gilt als eine poetische Darstellung des Flusses Liffey. Ihr langes bronzenes Haar wurde eins mit dem Brunnenwasser, das einst über ihren nackten, elegant zurückgelehnten Körper rann.

Leider wurde die Skulptur von dem Tag an, als sie 1988 auf Dublins Hauptstraße, der O'Connell Street, zur Tausendjahrfeier errichtet wurde, nicht mit der einer Dame zustehenden Würde behandelt. Schon bald schütteten einige Lausbuben Reinigungsmittel und Flüssigseife in ihr Bad, damit es kräftig schäumte. Weniger Gewitzte nutzten es als Mülleimer. Und dann die Spitznamen, die ihr der Volksmund gab: »Bidet Mulligan« (ein Verweis auf den Dubliner Volkshelden Biddy Mulligan) war eine erste Idee, der »Floozie in the Jacuzzi« (Flittchen im Jacuzzi) blieb ihr schließlich. Von da an galten alle neuen Skulpturen als unvollendet, wenn sie nicht einen derben Spitznamen hatten, der sich reimte, wie »Prick with the Stick« oder »Tart with the Cart«.

Zur Jahrtausendwende wurde Anna Livia nach Jahren der Drangsalierung endlich entfernt und durch die »Millennium Spire«, eine Stahlnadel, ersetzt. Die Skulptur lagerte jahrelang irgendwo im Trockendock, wo man sie fast vergessen hätte. Doch 2011 ließen die Stadtväter sie restaurieren.

Jetzt sitzt sie nicht mehr in ihrer ursprünglichen Umgebung aus Granitstein und umspielt von Wasser, sondern im Croppies Memorial Park, in der Nähe der Heuston Station, in einem seichten Becken, und bietet einen etwas traurigen Anblick: Im flachen Wasser ist sie etwas zu sehr den Blicken ausgesetzt.

Immerhin ist Anna Livia zumindest näher an den Fluss gerückt, den sie versinnbildlicht. Und wenn die Tore des Parks geöffnet sind – leider nicht so häufig, wie man möchte –, kann man eine Weile dem Chaos der nahen Stadt entfliehen und der geschmähten Skulptur Gesellschaft leisten, die da zurückgelehnt über den Zustand der Welt nachsinnt.

Adresse Croppies Memorial Park, Wolfe Tone Quay, Dublin 8 | ÖPNV mehrere Buslinien, einschließlich 25 und 66, zur nahe gelegenen Parkgate Street, oder »Luas Red Line« zur Heuston Station | Öffnungszeiten je nach Jahreszeit, im Sommer 10–22 Uhr | Tipp Suchen Sie nach der Tafel am Ashling Hotel (Parkgate Street, Dublin 8), wo der berühmte Wiener Philosoph Ludwig Wittgenstein während seines Aufenthalts in Irland wohnte.

5 Die Bänke am Kanal

Zwei Gedenkplätze für einen Dichter, der nur einen wollte

Der Dichter Patrick Kavanagh, der annahm, dass seine Wahlheimat Dublin posthum seiner gedenken würde, drückte dies in Versform aus: »*No hero-courageous tomb – just a canal bank seat for the passer by.*« Dublin nahm ihn beim Wort, doch statt einer wurden ihm zwei Bänke gewährt, auf beiden Seiten seines Lieblingsabschnitts am Grand Canal.

Die erste Bank wurde kurz nach seinem Tod (1967) errichtet, versehen mit dem Sonett, in dem er auf die Bank am Kanal hinwies. Neben der Baggot Street Bridge ist es ein angenehmer Platz zum Verweilen, vor allem während der »gewaltigen Stille Mitte Juli«, wie es Kavanagh formulierte. Aber das war wohl dichterische Freiheit. Die Baggot Street ist nämlich eine von Dublins stark befahrenen Verkehrsstraßen, genauso wie die nahe Mespil Road. Stille ist dort eher selten anzutreffen.

Die zweite Bank wurde in den 1990ern aufgestellt, am gegenüberliegenden Ufer. Wer dort Platz nimmt, dem leistet der Dichter selbst als lebensgroße Bronzestatue Gesellschaft. Kavanagh war jedoch nicht immer so friedlich, wie er hier scheint. Mit seiner Geburtsstadt Monaghan verband ihn schon eine Hassliebe, aber auch in Dublin fand er keinen Frieden. In späteren Jahren bemerkte er, dass es »der größte Fehler meines Lebens war«, hierhergezogen zu sein.

Obwohl er nach einer schweren Krebserkrankung in den 1950ern seine poetische Wiedergeburt in diesem Stadtteil erlebte, war der Grand Canal auch mit stürmischen Erinnerungen verbunden. Nachdem er eines Abends in den Kanal gefallen war, behauptete er, ein Gegner habe ihn in Mordabsicht dort hineingestoßen. Er nannte sogar den Namen und das Motiv: In einem Zeitungsartikel hatte der Dichter dubiose Geschäftspraktiken aufgedeckt. Die meisten von Kavanaghs Freunden bezweifelten die Geschichte allerdings und gingen davon aus, sein Sturz ins Wasser erkläre sich durch den vorherigen Pubbesuch.

Adresse Mespil Road und Wilton Terrace, Dublin 2 | **ÖPNV** Buslinien 37, 38, 38a, 39, 39a | **Tipp** Eine Tafel weist auf Patrick Kavanaghs bekannteste Adresse hin: 62 Pembroke Road. Dorthin gelangt man von den Sitzbänken aus in etwa fünf Minuten.

6 Der Bernard Shaw Pub

Was wohl der Dichter davon halten würde

Wenn Sie in Dublin eine gute Pizza an einem originellen Ort essen wollen, gibt es nichts Besseres als den blauen Doppeldecker-Bus. Er versah einst in London seinen Dienst und ist jetzt dauerhaft auf der Rückseite des »Bernard Shaw Pubs« in der South Richmond Street geparkt. Umgebaut zu einem Miniatur-Restaurant im marokkanischen Stil, bekommt der Gast hier eine köstlich frische Pizza serviert, die es aber auch im Biergarten des Pubs gibt.

Dieser Bus gehört zu den Dingen, die den »Bernard Shaw Pub« zu etwas Besonderem machen, auch wenn er absolut nichts mit seinem Namensgeber zu tun hat. Zwar wurde Shaw einen Häuserblock entfernt in der Synge Street geboren. Aber literarisch interessierte Touristen, die vergeblich zu dem inzwischen geschlossenen Museum in seinem Geburtshaus pilgern und hier im Pub mehr über ihn erfahren wollen, werden bitter enttäuscht.

Der irische Dramatiker hätte nie ein Lokal wie diesen Pub betreten. Trotz des »Established 1895«-Schilds, das von irgendeinem Laden übrig geblieben ist, ähnelt diese Kneipe keinem anderen viktorianischen Pub. Die abgefahrene Bar für junge Leute wurde Anfang des 21. Jahrhunderts von einem »Dubliner DJ-Kollektiv« ins Leben gerufen. Für Atmosphäre sorgt die Gebäudefassade, die von Graffiti-Künstlern kräftig besprüht wurde. Auch die Musik ist attraktiv: Reggae, Dub, House und alle Sorten elektronischer Klänge, die Shaw, der auch ein berühmter Musikkritiker war, nur schwerlich geschätzt haben dürfte.

Selbst das Angebot an Getränken hätte ihn nicht angesprochen, beschrieb er sich doch einst als »Bier-, aber keineswegs als Champagner-Abstinenzler«. Und abgesehen vom Bier missachtete er auch die Dubliner Pub-Tradition. Der »Bernard Shaw Pub« gehört zu den wenigen der Stadt, wo man sogar *Buckfast Tonic Wine* bekommt, besser bekannt als ein Getränk, das in Parks aus braunen Papiertüten konsumiert wird.

Adresse 11–12 South Richmond Street, Dublin 2, Tel. +353 (0)85/1658406, www.bodytonicmusic.com/thebernardshaw | **ÖPNV** Buslinien 14, 15, 15a, 15b, 44, 65 und 140 | **Öffnungszeiten** Bar: Mo–Fr ab 16 Uhr, Sa, So ab 13 Uhr. Big Blue Bus: Mo–Fr 17–24 Uhr; Sa–So 13–24 Uhr | **Tipp** Vornehmer geht es bei »Wall & Keogh's« in derselben Straße, Nummer 45, zu, mit Bio-Tee und hausgemachtem Kuchen und vielleicht einer Partie Schach.

7 Das beste Pint

Wissenschaftliche Abhandlung einer heiß umstrittenen Frage

Wo es das »beste Pint Dublins« gibt, ist eine Frage, die noch hitziger diskutiert wird als die nach den besten Fish and Chips. Aber zumindest bietet sich bei der Suche ein wissenschaftlicher Ansatz an.

Unter »bestes Pint« versteht man ein Guinness-Bier. Auf der ganzen Welt sind die Iren fest davon überzeugt, dass das Guinness im Gegensatz zu ihnen nicht gern reist. Die Theorie besagt, dass es in Irland immer eine bessere Qualität besitzt, und zwar je näher an der Brauerei, desto besser.

Dies könnte ein bloßes Vorurteil sein. Aber 2011 ergab eine von der amerikanischen Zeitschrift »Chicago Journal of Food Science« durchgeführte Umfrage, dass durchaus etwas Wahres daran ist. Wissenschaftler studierten die Pints in 73 Pubs in 14 Ländern. Dabei benutzten sie ein Lineal (um die Füllhöhe zu messen), eine Stoppuhr für die Zeit des Einschenkens und noch eine Liste weiterer Qualitätsindikatoren. Subjektive Faktoren wie die Atmosphäre des Lokals versuchte man auszuklammern. Das Ergebnis: Irische Pints erreichten durchschnittlich 74 von 100 Punkten, im Vergleich zu 57 in Übersee.

Die Wissenschaftler prüften auch Erklärungen für diese Diskrepanz, einschließlich dem, was sie »Verschwörungstheorie« nannten, aber ebenfalls allgemeine Überzeugung ist: Das Bier mit der besten Qualität ist den Brauerei-Mitarbeitern vorbehalten, die nächstbessere Stufe wird in Irland verkauft und der Rest exportiert. Doch die Wissenschaftler fanden heraus, dass das Bier, das sie in der Brauerei getestet hatten, keineswegs das beste war. Trotzdem benannten sie kein Pub mit dem besten Bier, vertraten jedoch die »line theory« (Rohrtheorie), die besagt, dass das Guinness am besten in Pubs mit starker Nachfrage getrunken wird, da es dort nicht lange in der Leitung bleibt.

Wer in Dublin das beste Pint sucht, dem wird empfohlen, in der Nähe der Brauerei nach Pubs Ausschau zu halten, in denen viel Bier umgesetzt wird.

Adresse Suchen Sie einen belebten Pub in der unmittelbaren Umgebung der Guinness' Brewery, St James' Gate, Dublin 8 | Öffnungszeiten alle Dubliner Pubs: Mo–Do 10.30–23.30 Uhr, Fr und Sa 10.30–0.30 Uhr, So 12.30–23 Uhr | Tipp Regelmäßige Anwärter auf die (nicht existierende) Auszeichnung »Bestes Dubliner Pint« sind unter anderen Ryan's (28 Parkgate Street, Dublin 8), The Long Hall (51 South Great George's Street, Dublin 2), Mulligan's (8 Poolbeg Street, Dublin 2), Kehoe's (9 South Anne Street, Dublin 2), Toner's (139 Baggot Street Lower, Dublin 2) und John Kavanagh's (auch bekannt als Gravediggers) am Prospect Square 1, Dublin 9.

8 Die Bibliothek der Marsh'

Drei Jahrhunderte Gelehrsamkeit

Die Marsh's Library, gegründet 1701, ist eine der ältesten Bibliotheken Irlands und eines der wenigen nach wie vor genutzten Gebäude aus dem 18. Jahrhundert. Doch die Studenten werden nicht mehr in Käfige eingesperrt – als Prävention gegen Buchraub. Allerdings sind diese immer noch vorhanden, ebenso die ursprünglichen Bücherregale aus Eichenholz. Die Bibliothek hat sich in den letzten 300 Jahren kaum verändert.

Verborgen in St Patrick's Close, war sie ein sicherer Hort der Gelehrsamkeit – außer im April 1916. Während des Osteraufstands der irischen Republikaner befand sich das Gebäude zwischen den Frontlinien der Rebellengarnison in der Jacob's Biscuit Factory und den britischen Soldaten, die vom St Patrick's Park feuerten. Eine Salve traf ein Fenster, wobei »fünf Bücher … angeschossen« wurden, wie die Bibliotheksleitung später mitteilte. Die Einschusslöcher sind immer noch sichtbar, und man kann nachvollziehen, wie die Kugeln die vielen Seiten durchschlugen und durch die größeren »Ausgangswunden« wieder austraten.

Unter den 25.000 Büchern findet man sehr alte Exemplare, darunter einen Band mit Cicero-Briefen, veröffentlicht 1472. Berühmte Benutzer waren Jonathan Swift (er war Dekan der St Patrick's Cathedral nebenan), Bram Stoker und James Joyce, um nur einige zu nennen. Auch Swift hinterließ seine Spuren, wenn auch nicht so brutal wie die Kugeln von 1916. Er schrieb zum Beispiel in ein Geschichtsbuch über die schottische Rebellion von 1715: »Fluchen gotteslästerlich, verdammte schottische Schurken und Verräter.« Der große Satiriker war ein Mann starker Überzeugungen. Als Erzbischof Narcissus Marsh, der Gründer der Bibliothek, kurz vor dem Ruhestand war, meinte Swift über ihn, er habe die großen Chancen seines Lebens wenig genutzt. Er fügte hinzu: »Niemand wird über seinen Tod froh oder betrübt sein – außer sein Nachfolger.«

Adresse St Patrick's Close, Dublin 8, Tel. +353 (0)1/4543511, www.marshlibrary.ie | ÖPNV Buslinien 27, 56a, 151, 77a | Öffnungszeiten Mo, Mi – Fr 9.30 – 17 Uhr, Sa 10 – 17 Uhr | Tipp Jacob's Factory, für die eigentlich die Kugeln gedacht waren, die in die Bücherei einschlugen, ist nun das Staatsarchiv, Eingang nahe der Bishop Street.

9 Bingo in der »George Bar«

Ein altes Spiel mit neuen Regeln

Bingo, ein Abkömmling des Lottos mit kleineren Einsätzen, ist in Irland weithin beliebt, besonders bei Frauen ab einem gewissen Alter. Aber die Version, die jeden Sonntagabend in der »George Bar« gespielt wird, unterscheidet sich von allen anderen.

Die George Bar ist zugleich Dublins bekanntester Schwulen- und Lesbenpub. Und sein extravaganter *Bingo Caller*, die Dragqueen Shirley Temple Bar, auch bekannt als Declan Buckley, eine frühere Alternative Miss Ireland (1997) mit Zopffrisur, dient als Lockvogel. Sie gestaltet das Herauspicken der Bälle sowohl als Kabarett als auch als Spiel. Seit fast zwei Jahrzehnten lockt das die Gäste an, und es ist genauso eine Institution wie der Pub selbst.

Das »George« öffnete 1985, als Homosexualität in Irland noch illegal war und diskret gelebt werden musste, am besten nicht sichtbar. Die Bar war eine Art Zufluchtsort für Menschen, die vielleicht nicht bedient oder beschimpft wurden und sogar Gewalt ertragen mussten. Aber in den letzten Jahrzehnten ist eine Generation von Dublinern in einer zunehmend toleranten Gesellschaft aufgewachsen. Als 2013 die »George Bar« ihr dreißigjähriges Bestehen feierte, erlebte sie eine Sternstunde: Per Volksabstimmung wurde Irland zum ersten Land, in dem Homo-Ehen geschlossen werden konnten. Das Ergebnis wurde im Hof des nahen Dublin Castle vor einem jubelnden, fahnenschwenkenden Publikum verkündet. Es herrschte eine Atmosphäre wie bei einem Footballteam, das gerade den World Cup gewonnen hatte.

Schwulentreffpunkte sind heute weitaus zahlreicher als zur Zeit der Eröffnung des »George«. Neue Bars und Clubs wie die »Pantibar«, deren Lockvogel Panti Bliss eine weitere berühmte Dragqueen Irlands ist, mögen cooler und exzentrischer sein als der Pub auf der South Great George's Street. Das »George« war jedoch unbestritten der Vorreiter in der Homosexuellen-Szene – und erfreut sich immer noch großer Beliebtheit.

Adresse South Great George's Street, Dublin 2, Tel. +353 (0)1/4782983, www.thegeorge.ie | ÖPNV alle City-Centre-Buslinien | Öffnungszeiten Mo–Fr 14–2.30 Uhr, Sa 12.30–2.30 Uhr, So 12.30–1.30 Uhr. Eintritt frei Mo–Do, am Wochenende vor 22 Uhr; nach 22 Uhr 5–10 Euro | Tipp Konventionelles Bingo gibt es im National Stadium an der South Circular Road (www.nationalstadiumbingo.com), wo jeden Dienstag, Donnerstag und Sonntagnacht Tausende Fans spielen.

10 Das Blessington Street Basin

Ein Reservoir, das zu einem Park wurde

Als das Blessington Street Basin 1808 in Betrieb genommen wurde, diente es einem funktionalen Zweck: Das städtische Reservoir fasste etwa 15 Millionen Liter Wasser, das von der Grafschaft Westmeath über den Royal Canal in das Becken geleitet wurde und der Bevölkerung Trinkwasser lieferte. Um das Becken herum führte ein Fußweg, der in einer damals vornehmen Gegend einem gediegenen Publikum als Spazierweg diente.

Aber im Laufe des Jahrhunderts wurde das Becken dank anderer Bauprojekte für die Trinkwasserversorgung entbehrlich, es versorgte lediglich noch Whiskeybrennereien. Wohlhabende Einwohner lebten inzwischen ohnehin lieber in den Vororten und überließen die Innenstadt den Armen.

Als das Reservoir gegen Ende des 19. Jahrhunderts zu einer Parkanlage umgestaltet wurde, wollte man eine andere Bevölkerungsschicht ansprechen: Menschen, die weder die Zeit noch das Geld für Dublins größere Freizeitanlagen – Phoenix Park und St Stephen's Green – hatten. Ein weiteres Jahrhundert später wurde der Betrieb des Wasserreservoirs völlig eingestellt. Als Dublin 1991 zur Kulturhauptstadt Europas erklärt wurde, gab es ein interessantes Angebot. Dieter Magnus, ein berühmter deutscher Bildhauer und »Stadtreparatur-Künstler«, plante eine Anlage unter ökologischen Aspekten, mit Spielplätzen und dergleichen. Das Deutsche Kulturinstitut war bereit, das Projekt zu finanzieren. Aber die Anwohner lehnten mit dem Argument ab, dort hätten sich bereits Tiere angesiedelt. Sie wollten lieber eine verbesserte Version der bereits vorhandenen Anlage. So wurde 1994 das Reservoir als ganztägig geöffnete Parkanlage und als Vogelreservat wiedereröffnet – eine Oase in einer Stadtwüste. Ihre Reize sind eher unauffällig. Deshalb ist sie auch zwei Jahrzehnte später für die meisten Dubliner noch immer ein geheimer Ort.

Adresse Blessington Street, Dublin 7, Tel. +353 (0)1/8300833, www.dublincity.ie | **ÖPNV** Buslinien 38, 38a, 38b oder 46a | **Öffnungszeiten** generell ab 9 Uhr, Schließungszeit nach Tageslicht, von 16.30 Uhr im Januar bis 21.30 Uhr im Juni und Juli | **Tipp** Ein enger Durchgang am östlichen Ende des Basins führt zum »Royal Canal Bank Walk«.

11 Die Brendan-Behan-Statue

Denkmal für einen Autor und Knastbruder

In späteren Jahren pflegte Brendan Behan zu scherzen, dass er »ein Trinker mit einem Schreibproblem« sei. Doch als junger Mensch war er zunächst ein Friedenskämpfer. Er kämpfte gegen die britische Herrschaft in Nordirland und das, was er als ausverkauften Freistaat im Süden der Insel ansah.

Im Alter von vierzehn gehörte er zur Jugendorganisation der IRA. Zwei Jahre später, als IRA-Mitglied, wurde er bei einem versuchten Sprengstoffanschlag auf die Docks von Liverpool gefasst (1940) und zu drei Jahren Jugendhaft in der englischen Besserungsanstalt Borstal verurteilt. Dort schrieb er den autobiografischen Roman »Borstal Boy«, der ein Bestseller wurde. Nach seiner Entlassung wurde er erneut festgenommen, weil er auf zwei Polizisten geschossen hatte, sie aber verfehlte – ein Glück für die Literatur. Damals wäre er für einen Mord an Mitgliedern der Garda Síochána gehängt worden.

Er verbrachte einen Teil seiner Haftstrafe im Mountjoy Prison, was ihn zu dem Stück »The Quare Fella« (»Der Spaßvogel« oder »Der Mann von morgen früh«) inspirierte. Die Titelfigur ist ein Mann, der auf seine Hinrichtung wartet. Hier taucht auch das Lied »The Auld Triangle« auf, das die Einsamkeit des Gefängnislebens beschreibt, dessen Alltag durch die Triangel geregelt wird, die entlang der »Banks of the Royal Canal« zu hören ist. Das Lied wurde von vielen Sängern interpretiert, darunter Bob Dylan und The Dubliners. Heute wird der Song Behan zugeschrieben, auch wenn er nie behauptet hatte, der Autor zu sein.

Auf dem Höhepunkt seiner literarischen Karriere war Behan auch als großer Trinker bekannt. Vielleicht hat ihm der Alkohol den Diabetes eingebracht, an dem er 1964 mit nur 41 Jahren starb. Seine Geburtsstadt gab vier Jahrzehnte später eine lebensgroße Skulptur des Autors in Auftrag. Behan sitzt auf einer Bank in der Nähe des Mountjoy Prison und lauscht dem Gesang der Amsel statt dem Klang der Triangel.

Adresse Royal Canal, nahe der Binn's Bridge, Dorset Street Lower, Dublin 7 | ÖPNV Buslinien 1, 11, 13, 16, 40, 40b, 40d, 41 oder 44 | Tipp Zu den besten Versionen von »The Auld Triangle« gehört jene von Luke Kelly und den Dubliners. Siehe YouTube.

12 Bull Island

Ein Zufallsgeschenk für Dublin

Zehn Jahre nach seinen Problemen mit der Meuterei auf der Bounty erhielt Captain William Bligh einen weniger aufregenden Auftrag: die Überwachung der Dublin Bay, die bekanntlich anfällig für Versandung war. Dabei bemerkte er das Entstehen einer Insel, verursacht durch einen früheren Versuch, das Problem zu lösen: die Errichtung der »South Bull«-Mauer. Daraufhin ordnete er den Bau einer Mauer im Norden der Bay an, die, als sie schließlich 1823 in Angriff genommen wurde, das weitere Anwachsen der Insel begünstigte.

Nach fast zwei Jahrhunderten ist Bull Island fünf Kilometer lang und 800 Meter breit geworden. Hier befinden sich einer von Dublins schönsten Stränden, ein Salzsumpf, ein Vogelschutzgebiet und dazwischen zwei Golfplätze.

Die Insel, nur wenige Kilometer von Dublin entfernt, zählt zur UNESCO-Biosphäre. Sie ist nicht nur ein Naturschutzgebiet für viele Pflanzen und Tiere, einschließlich Orchideen und Brent-Wandergänsen aus Kanada, sondern auch ein Ort der Muße für die Menschen.

Während des Ersten Weltkriegs wurde sie von der britischen Armee als Übungsgelände für den Stellungskrieg benutzt. Nachdem sie erneut der Zivilbevölkerung zur Verfügung stand, entwickelte sie sich zu einem Kleinod der Erholung. Abgesehen von den Golfern tummeln sich hier Spaziergänger, Badende, Läufer, Triathleten, Kitesurfer und Angler. Der flache, breite Strand mit seinem kompakten Sand ist auch bei Fahrschülern beliebt; man erreicht ihn über eine Brücke und einen Steg.

Hier lebten auch viele Hasen, die aber inzwischen verschwunden sind. Gegen einige verrückte Pläne, aus der Insel ein Ferienlager oder noch schlimmer, eine Müllkippe zu machen, siegte zum Glück die Vernunft. So wie die Insel an Größe zulegte, nahm auch ihr Nutzen für die Dubliner immer mehr zu. Captain Blighs Entscheidung erwies sich als das größere Geschenk, als es sein berüchtigtes Schiff je gewesen war.

Adresse Clontarf, Dublin 3, www.northbullisland.com, www.clontarf.ie | ÖPNV Buslinie 130 nach Bull Wall; oder DART nach Raheny, dann ein 15-Minuten-Spaziergang zum Dammweg | Tipp Das Bull Island Interpretive Centre liegt gegenüber der Zufahrt zur Causeway Road (Mo–Do 10.30–16 Uhr, von 13 bis 13.30 Uhr geschlossen, Fr 10.30–13.30 Uhr).

13_Bully's Acre

Ein Friedhof mit Vergangenheit

Bully's Acre, Dublins ältester Friedhof, besteht seit mindestens tausend Jahren. In früheren Zeiten war er zum Missfallen der Behörden ein häufig allzu belebter Platz gewesen. Beides hat mit seiner Nähe zu einer Quelle, die dem heiligen Johannes dem Täufer geweiht ist, zu tun, wodurch sich der Ort als Friedhof empfahl. Und da man der Quelle Wunderkräfte nachsagte, war sie auch bei den Lebenden populär, besonders am Fest des Heiligen am 24. Juni, dem Johannistag.

Der Johannistag ist eng mit der Sommersonnenwende verbunden, die schon vor dem christlichen Fest begangen wurde. Beide Feiertage verknüpften »Frömmigkeit mit Ausgelassenheit und Ausschweifung«, sehr zum Verdruss des angrenzenden Royal Hospital, eines Altenheims für Veteranen. Dieses versuchte, den Friedhof schließen zu lassen – ohne Erfolg.

Nicht einmal die Leichen hatten eine Garantie auf ewige Ruhe. In der Zeit der »Resurrektionisten« – Leichenräuber, die der Pathologie Leichen zum Sezieren lieferten – war Bully's Acre Schauplatz fieberhafter nächtlicher Aktivitäten, ebenso einträglich wie risikoreich. Bei einer dieser schändlichen Unternehmungen wurden ein Arzt namens Harkin und seine Komplizen in flagranti ertappt. Die Komplizen flüchteten, und Harkin, ein korpulenter Mann, versuchte über eine Mauer kletternd zu entkommen. Während seine Freunde ihn auf ihrer Seite herunterziehen wollten, hielten ihn die Verfolger zurück. Später erlag er seinen Verletzungen.

Ein weiterer sehr bekannter Grabbewohner hier ist Dan Donnelly (1788–1820), der Boxchampion »ohne Handschuhe«, dessen Leiche jedoch nicht mehr vollständig ist. Donnelly hatte einen ungewöhnlichen Körperbau mit sehr langen Armen. Auch seine Leiche wurde ausgegraben. Nach einem Aufschrei des Erkennens wurde sie jedoch wieder der Erde zurückgegeben, allerdings unter Einbuße eines Arms, den ein Arzt zurückbehielt und der seither an verschiedenen Orten ausgestellt wurde.

Adresse The Royal Hospital Kilmainham, South Circular Road (Eingang), Dublin 8 | **ÖPNV** Buslinien 13, 68a, 69 oder 79a | **Öffnungszeiten** Die Eingangstore zum Friedhof sind normalerweise geschlossen, aber gelegentlich werden Besichtigungstouren vom Irish Museum of Modern Art (www.imma.ie) oder dem Militärhistoriker Paul O'Brien (www.paulobrienauthor.ie) durchgeführt. | **Tipp** Bemerkenswert ist der mit Türmchen versehene Hintereingang des Royal Hospital Kilmainham unweit Bully's Acre. Es war früher eines der Tore in das von Mauern umgebene Dublin. Im 19. Jahrhundert wurde es, nachdem es zu einem Verkehrshindernis geworden war, an seinen jetzigen Standort gebracht.

14 Burdock's Chip Shop

Dublins älteste Fish-and-Chips-Bude. Aber die beste?

Fragen Sie ein paar Dubliner, wo Sie die beste »Fish and Chips«-Bude finden können, und sofort entbrennt eine heftige Diskussion, auch wenn die Frage nicht zu beantworten ist. Dass es keinen offiziellen Wettbewerb um diesen Titel gibt, hindert aber niemanden daran, ihn zu vergeben.

Loyalität ist dabei ein wichtiger Faktor. Viele halten ihren lokalen *Chipper* für einmalig, sodass sie keinen anderen suchen müssen. Auch die Nostalgie spielt eine große Rolle. Selbst wenn sich ihre Lebensumstände geändert haben, sie zum Beispiel weggezogen sind, ist der *Chipper*, bei dem sie immer einkehrten, nicht zu übertreffen.

Das älteste »Fish and Chips« Dublins, und zugleich dauernominiert als das beste, ist Burdock's an der Werburgh Street. Ein Cartoon auf einer der Mauern zeigt ein Boot mit Wikingern, die vor tausend Jahren nach Dublin kamen und sich hier vor der Tür des *Chippers* anstellten – eine leichte Übertreibung, da der Laden erst 1913 eröffnet wurde.

Das Burdock's befindet sich inmitten des alten Wikingerviertels. Diese Mischung aus Standort und Ruf, endlos durch Mundpropaganda wiederaufbereitet, bewirkt, dass man vor diesen winzigen Räumlichkeiten immer eine Schlange sieht. An der Wand hängt eine lange Liste berühmter Gäste.

Auch wenn die Pommes frites aus Belgien stammen, wurden sie von Italienern in Dublin eingeführt, genauso wie die Abkürzung für Fish and Chips – *one and one* (eins und eins). Ein italienischer Einwanderer sagte immer *una di questa, uno di quella* (»eins von dem und eins von dem anderen«), bis sich dies durchsetzte. Abgesehen vom Burdock's stehen italienische Namen immer noch ganz oben auf der Liste der besten Chipper in Dublin. Dazu gehören: Lido's an der Pearse Street, Sorrento am Arbour Hill, Aprile's in Stillorgan. Auch Beshoff's, eine von Russen geführte Kette von Chippers, setzt sich durch, vor allem der Chips and Fish an der Hafenfront in Howth.

Adresse Werburgh Street, Dublin 8, Tel. +353 (0)1/4540306, www.leoburdock.com | **ÖPNV** Buslinien 13, 27, 40, 56a, 77a, 123 oder 150 | **Öffnungszeiten** täglich 12–24 Uhr | **Tipp** Am »National Fish and Chip Day« (gewöhnlich Ende Mai) bieten die mitwirkenden Lokale die Mahlzeiten zum halben Preis an.

15__Central Bank Plaza

Ein beliebter Platz vor einem umstrittenen Gebäude

Als der Architekt Sam Stephenson 1975 den neuen Hauptsitz der Central Bank of Ireland in der Dame Street enthüllte, erregte er die Gemüter, denn dieser wirkte zwischen den niedrigen Gebäuden fast wie ein Wolkenkratzer. Mit seinem brutalistischen Architekturstil überragte er nicht nur die engen Straßen von Temple Bar, sondern schien sie geradezu unter sich zu begraben.

Viele Jahre konnte man sich nicht auf eine endgültige Form des Gebäudes einigen, da das Dach die ursprünglichen Höhenbegrenzungen der Stadtplaner überschritt. Selbst nachdem ein Kompromiss gefunden worden war, hassten viele Einwohner das Gebäude. Als Éamonn O'Dohertys Bronzeskulptur »Crann an Óir« (Goldener Baum) auf dem Platz aufgestellt wurde, um Dublin als europäische Kulturstadt zu würdigen, schrieb ein Leser an die »Irish Times«, nur Sprengstoff könne das Aussehen der Bank verbessern.

Trotz aller Auseinandersetzungen um die Silhouette des Gebäudes wurde der Platz davor immer beliebter, vor allem bei der Jugend. Die Central Bank Plaza wurde zum Treffpunkt für Dublins Teenager aus der Gothic- und Teilen der Punk-Szene. Auch Skateboarder tummelten sich hier, sodass sogar Geländer angebracht wurden, um sie aufzuhalten.

Als das Temple-Bar-Viertel sich in ein hektisches Kultur- und Tourismus-Zentrum verwandelte, wurde die Plaza einer der Hauptzugänge, bildete aber auch eine Schutzzone vor dem Verkehr auf der Dame Street. Infolge des Bankencrashs besetzte eine Zeit lang auch die »Occupy«-Bewegung den Platz mit ihren Zelten.

Anno 2014, 40 Jahre nach dem Umzug in die Dame Street, verkündete die Central Bank, ihren Sitz wieder ins Hafenviertel zu verlegen. Eine neue Verwendung für Stephensons berühmten Wolkenkratzer gibt es bislang nicht, auch nicht für den Goldenen Baum. Doch angesichts der möglichen Kosten für die Verlagerung der Skulptur wird sie wohl auf der Plaza verbleiben.

Adresse Dame Street, Dublin 2, www.centralbank.ie | **ÖPNV** Buslinien 13, 16, 40 und 123; »Luas Red Line« nach Jervis, dann sieben Minuten zu Fuß; oder »Luas Green Line« nach St Stephen's Green, dann sieben Minuten zu Fuß | **Tipp** Für weitere Informationen über »Crann an Óir« besuchen Sie www.publicart.ie.

16 Die Chester Beatty Library

Eine alte Handschrift, die einen Übersetzer erröten ließ

Wäre es allgemein bekannt, dass die Chester Beatty Library 3.000 Jahre alte Handschriften aus Ägypten besitzt, deren sexuelle Freizügigkeit den Übersetzer im 20. Jahrhundert zum Erröten brachte, würde vor dem Eingang wohl eine lange Schlange stehen.

Alfred Chester Beatty, ein amerikanischer Orientalist und Sammler, hatte den Mann als Spezialisten für ägyptische Texte aufgetan. Nachdem dieser Beatty überredet hatte, einige soeben auf dem Markt angebotene Papyrusrollen zu kaufen und sie für ein Buch zu übersetzen, warnte er ihn wegen einiger Passagen: »Leider wird die Originalgeschichte an dieser Stelle sehr zügellos, aber als Übersetzer muss ich sie so übersetzen, wie sie da steht ... auch die obszönen Szenen.« Die Verleger waren ebenfalls besorgt, trösteten sich aber damit, dass das Werk, da es teuer war und lediglich spezielle Gelehrte interessieren würde, »dem gewöhnlichen Leser nicht zugänglich« sei.

Zu der Zeit (1920er und 30er Jahre) lebte Beatty in London, wurde aber in den 1950er Jahren irischer Staatsbürger und vermachte nicht nur die ägyptischen Handschriften, sondern auch seinen außergewöhnlichen Fundus an Büchern, Handschriften und Artefakten – das meiste aus Asien – seiner Wahlheimat. Die Sammlung ist heute in einem hübschen Museum auf der Rückseite von Dublin Castle untergebracht, in dem sich auch das »Silk Road Café« befindet, ein Lokal im Stil des Mittleren Ostens. 2002 erhielt das Museum eine Auszeichnung als Europäisches Museum des Jahres. Sein hoher Grad an Spezialisierung und vielleicht auch die Tatsache, dass es offiziell eine »Bibliothek« ist, auch wenn es zum Beispiel eine preisgekrönte Sammlung geschnitzter chinesischer Schnupftabakdosen enthält, schrecken wohl manchen potenziellen Besucher ab. Und sicherlich wäre die Zahl der Besucher auch größer, wenn die obszöne ägyptische Handschrift von mehr Menschen gelesen werden könnte.

Adresse Dublin Castle, Dublin 2, Tel. +353 (0)1/4070750, www.cbl.ie | ÖPNV mehrere Buslinien, darunter 27, 56a, 77a und 150 | Öffnungszeiten März–Okt. Mo–Fr 10–17 Uhr, Sa 11–17 Uhr, So 13–17 Uhr, Nov.–Feb. Mo geschlossen | Tipp Nach dem Museumsbesuch unbedingt die Dachterrasse testen.

17 The Church

Ein Platz der Verehrung für Arthur Guinness

Als Arthur Guinness 1761 in der St Mary's Anglican Church heiratete, zwei Jahre nach Gründung der berühmten Brauerei, hätte er sich wohl kaum vorstellen können, dass sein Bier eines Tages hier verkauft werden würde. Aber zwei Jahrhunderte später blühte der Kirche genau dieses Schicksal. Erst ließ man das Gebäude jahrelang verfallen. Dann wurde es säkularisiert und verkauft, allerdings mit einer 15-jährigen Sperre für alle Zwecke, die für einen ehemals religiösen Ort als unschicklich angesehen wurden.

Eine Zeit lang diente es dann als Geschäft für Inneneinrichtungen, bis es in einen der originellsten Pubs umgewandelt wurde. Es gibt hier nicht nur Bier und Stout, sondern auch Whiskey und Cocktails, wüssten die einstigen Gemeindemitglieder davon, würden sie sich wohl im Grabe herumdrehen.

Die ehemaligen Gemeindemitglieder, die in der St Mary's Crypt begraben waren, wurden eingeäschert, ihre Urnen werden in der nahe gelegenen Kirche St Michan's aufbewahrt – ein doppeltes Glück, da die Krypta in einen Nachtclub umgewandelt wurde.

St Mary's, die zwischen 1700 und 1702 erbaut und von demselben Architekten entworfen wurde, der auch für das Royal Hospital Kilmainham verantwortlich ist, war in Dublin die erste mit einer Galerie. Zu ihren berühmten Pfarrkindern gehörte Jonathan Swift, und John Wesley wirkte dort als Prediger. Hier wurden die späteren Dramatiker Richard Brinsley Sheridan und Sean O'Casey sowie der republikanische Märtyrer Wolfe Tone getauft.

Ein weiterer Besucher war Georg Friedrich Händel, der vor der Weltpremiere seines Oratoriums »Der Messias« dieses bereits auf der großartigen Orgel in St Mary's gespielt hatte. Die von Renatus Harris entworfene Orgel befindet sich – genauso wie die bunten Glasfenster – immer noch dort. In neuerer Zeit kam eine Büste von Mister Guinness hinzu, womit eine Brücke zwischen ehemaliger und heutiger Nutzung der Kirche geschlagen wurde.

Adresse Kreuzung Mary Street und Jervis Street, Dublin 1, Tel. +353 (0)1/8280102, www.thechurch.ie | ÖPNV alle Buslinien in das Stadtzentrum; »Luas Red Line« nach Jervis | Öffnungszeiten Mo–Do 10.30–23.30 Uhr, Fr und Sa 10.30–14.30 Uhr, So 10.30–23.30 Uhr | Tipp Der alte Friedhof von St Mary's wurde zum Wolfe Tone Square umgewandelt.

18 Civic Offices am Wood Quay

Ein epischer Konflikt: altes vs. neues Dublin

Hinter den Dublin City Council Offices am Wood Quay befindet sich ein kleiner Park samt Amphitheater, in dem gelegentlich Freilichtaufführungen stattfinden. Es ist ein sehr angenehmer Ort, um ein Schauspiel oder ein Konzert zu genießen. Aber es ist auch der ideale Ort, um über ein Drama nachzudenken, das sich in den letzten 20 Jahren des 20. Jahrhunderts hier abgespielt hat.

Der Konflikt begann in den 1950er Jahren, als die Stadt beschloss, hier ihre neuen städtischen Büroräume zu errichten. Es wurden verschiedene Pläne vorgelegt, doch 1968 gab es eine öffentliche Ausschreibung, die Sam Stephenson, das Enfant terrible der modernistischen irischen Architektur, gewann. Selbst nach seinen eigenen Standards war sein Entwurf umstritten: vier monumentale Granitblöcke mit winzigen Fenstern, die in Stufen – wie die Basaltformationen des Giant's Causeway – zum Fluss Liffey hinunterführen.

Aber selbst als die Bauarbeiten daran fortschritten, wurden bei Ausgrabungsarbeiten für das Projekt die Überreste einer der bedeutendsten Wikingersiedlungen Europas sowie ein Teil der alten Stadtmauern zutage gefördert. Es folgten Jahre mit Anfechtungsklagen und Protesten, um die Bauarbeiten zu stoppen. Die Stadt übte Druck aus und errichtete zunächst die zwei größten Blöcke, die von unbeeindruckten Dublinern als »Bunker« bezeichnet wurden. Schließlich musste sie einen Rückzieher machen. Ein Jahrzehnt später erfolgte dann eine weitere Ausschreibung in der Hoffnung, durch eine etwas positiver verlaufene zweite Phase den Ärger über die erste zu übertünchen.

Inzwischen kann man Funde der ersten Ausgrabung im National Museum besichtigen, und ein Abschnitt der Stadtmauer ist in einem Konferenzzentrum direkt neben dem Park ausgestellt. Aber noch heute hallt der Name Wood Quay in Irland als ein Schlagwort für eine Entwicklung auf Kosten des Kulturerbes nach.

Adresse Civic Offices, Wood Quay, Dublin 2 | **ÖPNV** mehrere Buslinien, darunter 37, 39, 39a, 70, 83; »Luas Red Line« nach Jervis, fünf Minuten zu Fuß weiter | **Tipp** In der Winetavern Street, der Fishamble Street und am Christchurch Place sind auf den Gehwegen Einkerbungen zu besichtigen, die Werkzeuge, Schmucksachen und Kunstgegenstände darstellen, die bei den Ausgrabungen entdeckt wurden.

19 Clondalkin's Round Tower

Teile des alten Irland in einem modernen Vorort

In Irland werden Altes und Neues häufig zu enger Koexistenz gezwungen. Dies trifft besonders auf Clondalkin zu, eine geschäftige Vorstadt im Westen Dublins, wo man bei Spaziergängen auf einen 1.200 Jahre alten Rundturm stößt.

Die Rundturm-Architektur ist in Irland fast einmalig (es gibt noch ein paar Türme in Schottland und einen auf der Isle of Man). Gewöhnlich werden sie mit frühchristlichen Klöstern assoziiert. Man vermutete, sie seien ursprünglich als Zufluchtsorte vor plündernden Wikingern gebaut worden.

So ist bekannt, dass das Kloster St Crónán (alias St Mochua) in Clondalkin des Öfteren von Wikingern geplündert wurde. Da aber die Türen der Rundtürme vermutlich aus Holz waren und folglich brandgefährdet, ist die Schutzfunktion dieser kaminartigen Steinzylinder mehr als zweifelhaft. Heutzutage glaubt man daher, dass die Türme eher als Glockentürme fungierten.

Von den 60 skurrilen Türmen Irlands ist der von Clondalkin der einzige in Dublin. Mit 27 Metern Höhe und vier Metern Breite ist er nicht gerade der größte, besitzt aber ein ungewöhnlich intaktes kegelförmiges Dach. Auch wenn das genaue Baudatum nicht bekannt ist, gilt dieser Turm als einer der ältesten und wird aufgrund seines Baustils auf das 8. Jahrhundert datiert.

Noch sehr viel älter ist allerdings eine andere Attraktion von Clondalkin. Es handelt sich hierbei um die St Brigid's Holy Well an der Boot Road, die aus dem 5. Jahrhundert stammt. Die Bauten um diese heilige Quelle sind jedoch aus neuerer Zeit. Leider hat der Ausbau der Straße den Verlauf der unterirdischen Quelle verändert, sodass sie, der man einst Heilkräfte nachsagte, hier nicht mehr sprudelt. In den 1990er Jahren wurde dieser Ort renoviert. Und wie die zahlreichen Votivgaben sowie die vielen Bänder, die an einer nahe gelegenen Esche befestigt sind, zeigen, wird die heilige Brigid nach wie vor verehrt.

Adresse Tower Road, Clondalkin, Dublin 22, www.southdublinhistory.ie | ÖPNV Buslinien 13, 51d, 69 nach Clondalkin Village | Tipp Auf dem Gelände der St John's Church, gegenüber dem Round Tower, befinden sich einige Ruinen des alten Klosters.

20 The Cobblestone

Ein Magnet für Musiker

»The Cobblestone« ist ein bekannter Pub am Smithfield Square. Dieser ist mit 400.000 Kopfsteinen oder, genauer, nicht abgerundeten Pflastersteinen belegt. Wir kennen ihre Anzahl deshalb so genau, weil sie während der Generalüberholung vor ein paar Jahren alle herausgenommen, gereinigt und wieder eingepasst wurden.

Der Pub ist eine gute Adresse für traditionelle irische Livemusik: Mit Flöte, Geige, Blechflöte und Uilleann Pipes (irischer Dudelsack) versammeln sich hier Freunde oder auch Fremde zu dem keltisch-kulturellen Phänomen »Session«.

Offizielle Konzerte und andere Ereignisse finden in einem separaten Raum statt, die meisten Sessions jedoch zwanglos im vorderen Teil des Pubs. Aber auch hier werden die Auftritte sehr ernst genommen. Zahlreiche Hinweise erinnern die Gäste daran, dass keine Hintergrundgeräusche erwünscht sind. Hier sei ein »Zuhörbereich«, so erklärt man ihnen, und deshalb bittet man um Respekt für die Musiker.

Dieser Respekt rührt zum Teil daher, dass die Besitzerfamilie Mulligan selbst Musik macht, und das seit mindestens fünf Generationen. Néillidh Mulligan ist heutzutage einer der besten *Uilleann Pipers* von Irland. Am ersten Dienstag jedes Monats wird dieses ungewöhnliche Instrument vorgeführt, wenn Na Piobairí Uilleann im Pub eine spezielle Session abhält. Im Cobblestone gibt es aber jeden Tag oder jeden Abend traditionelle Musik.

Wöchentlich findet im hinteren Teil des Pubs eine Veranstaltung statt, die scherzhaft »Balaclavas Session« genannt wird, bei der sich weniger geübte Musiker verbessern können. Die Teilnehmer müssen jedoch nicht unbedingt ihr Gesicht verhüllende Sturmmasken tragen. Die Bezeichnung rührt vielmehr daher, dass sie in einem abgetrennten Raum, wo sie unbeobachtet sind, ihre Fertigkeiten so weit verbessern können, dass sie schließlich auch öffentlich auftreten können.

Adresse 77 King Street North, Smithfield, Dublin 7, Tel. +353 (0)1.8721799, www.cobblestonepub.ie | ÖPNV Buslinien 39a, 83; »Luas Red Line« nach Smithfield | Öffnungszeiten Mo–Do 16–23.30 Uhr, Fr 16–0.30 Uhr, Sa 14–0.30 Uhr, So 14–23 Uhr | Tipp Im Cobblestone wird vor allem instrumentale Musik geboten, doch an jedem ersten Sonntagabend eines Monats gastiert auch eine Gesangsgruppe. Die Gruppe ist nach einer berühmten alten Dubliner Ballade auf einen Gefangenen, der auf seine Hinrichtung wartet, benannt: »Die Nacht bevor Larry gehängt wurde« (The Night Before Larry Was Stretched).

21 Connolly Books & The New Theatre

Eine Oase für Radikale im touristischen Temple Bar

Das Temple-Bar-Viertel ist mit seiner Mischung aus Kultur und Hedonismus eine unbestrittene Hochburg des Kapitalismus. Einheimische und Touristen drängen sich in den Straßen voller Bars, Läden und Restaurants. Aber das Viertel weist auch noch Spuren einer früheren, weniger kommerziellen Zeit auf. Ein Symbol dafür ist das kommunistisch geprägte Connolly Books.

Der Name geht auf den Sozialistenführer James Connolly zurück, der an dem Aufstand von 1916 teilnahm und später hingerichtet wurde. Das Schicksal der frühen linksorientierten Buchläden in Dublin demonstriert auch die Kämpfe radikaler Gruppen zu jener Zeit. Der erste Buchladen wurde 1932 eröffnet, musste aber auf Drängen eines benachbarten Franziskanerklosters schließen. Der zweite wurde nach einer aufhetzenden Predigt in der katholischen Pro-Cathedral über die Gefahren des Sozialismus gestürmt und niedergebrannt. Der dritte, direkt um die Ecke des heutigen, wurde in den 1950ern häufig attackiert.

Dieser moderne Buchladen wurde 1976 von der Irischen Kommunistischen Partei in einer verwahrlosten Gegend eröffnet, die für ein Busdepot inmitten der Stadt vorgesehen war. Der Laden hat seither sowohl den Boom des touristischen Temple Bar als auch den Zusammenbruch der Sowjetunion überstanden.

Seit 1997 befindet sich das New Theatre mit seinen 66 Plätzen im Temple-Bar-Viertel. Buchladen und Theater werden getrennt geführt, beziehen sich aber aufeinander: Das Theater führt mehr oder weniger bekannte irische Stücke auf oder stellt Gruppen vor, die sonst keine Auftrittsmöglichkeiten finden. Buchladen und Theater waren vor ein paar Jahren von Bauschäden bedroht, die zum Teil durch den Fluss Poddle verursacht wurden, der unter dem Viertel verläuft. Ein linksorientierter Bauunternehmer finanzierte die Modernisierung.

Adresse 45 East Essex Street, Temple Bar, Dublin 2, Tel. +353 (0)1/6708707 (Buchhandlung), +353 (0)1/6703361(Theater), www.communistpartyofireland.ie, www.thenewtheatre.com | **ÖPNV** alle Buslinien ins Zentrum; »Luas Red Line« nach Jarvis, dann fünf Minuten zu Fuß | **Öffnungszeiten** Buchhandlung: Mo–Sa 9.30–18 Uhr; Theater: Vorführungen normalerweise um 19.30 Uhr | **Tipp** Die Gebäude der Buchhandlung und des Theaters gehören zu den ältesten in Dublin; sie stammen aus dem Jahr 1691.

22 Die Countess und ihr Hund

Eine bissige Geschichte aus Irlands Revolution

Die Statue der Countess Markievicz in der Townsend Street stieß auf harsche Kritik. Manche beanstanden, die Darstellung spiele die militante Rolle der Lady während Irlands Kampf um die Unabhängigkeit herunter. Andere halten sie für etwas kitschig. Ein Journalist der »Irish Times« schrieb, sie sehe aus wie »ein vergrößerter Geschenkartikel«.

Einmalig unter Dublins politischen Statuen ist aber zumindest der neben ihr hockende Cockerspaniel Poppet. Auch bei dem echten Hund waren seinerzeit die Meinungen geteilt. Einige der republikanischen Verbündeten der Countess verabscheuten ihn. Doch die Countess war ihm gegenüber unendlich nachsichtig, auch als der Hund antirevolutionärer Aktivitäten für schuldig befunden wurde.

Kurz vor dem Aufstand von 1916 sollte die Countess eine Flagge für das Hauptquartier der Rebellen anfertigen. Da die Geschäfte über Ostern geschlossen waren, musste sie improvisieren. Sie breitete daher eine grüne Tagesdecke auf dem Boden ihres Salons aus, und ihre Genossen mussten diese gespannt halten, damit sie den Umriss der Flagge herausschneiden konnte. Zeugen erinnern sich, dass der Hund »auf und ab hüpfte und an dem Stoff zerrte, bis er an der Seite ein Stück herausriss«. Die Countess setzte ihre Arbeit fort und stickte in Gold die Worte »Irish Republic« auf die Flagge. Dann brachte sie diese heimlich in das Hauptquartier der Irish Citizen Army. Von dort wurde sie zum GPO (General Post Office) gebracht, wo sie während des Aufstands auf dem Dach flattern sollte.

Die Flagge, heute im National Museum ausgestellt, ist ein wichtiges Symbol der Republikgründung, wenn auch ein beschädigtes, was aber nicht ausschließlich Poppet angelastet werden kann. Die Hälfte des Buchstabens »c« fehlt, sie wurde vermutlich weggeschossen. Wenn man den Zeitzeugen glauben darf, wurde das, was mit einem übermütigen Spaniel begann, durch Waffen beendet.

Adresse Townsend Street, in der Nähe der Tara Street, Dublin 2 | ÖPNV alle Buslinien ins Stadtzentrum; DART zur Tara Street Station | Tipp Vergleichen Sie die Plastik in der Townsend Street mit der Büste der Gräfin Markiewicz im Zentrum von St Stephen's Green.

23 Croppies' Acre

Tragische Vergangenheit, unruhige Gegenwart

Croppies' Acre ist eine der eindrucksvollsten Grünflächen in Dublin. Vermutlich war er die Ruhestätte von Hunderten republikanischer Rebellen, die während des Aufstands der United Irishmen (1798), einer durch die Amerikanische und die Französische Revolution inspirierten Bewegung, hingerichtet wurden. Die Bezeichnung »croppies« bezieht sich auf den Haarschnitt der Rebellen, der sehr kurz war, als Nachahmung der Franzosen und als Protest gegen die Perücken, die damals bei der Aristokratie in Mode waren.

Die genaue Lokalisierung des »Acre« war lange umstritten, zum Teil wegen der Geheimhaltung der Grabstätten im Sumpfgebiet in der Nähe der Militärbaracken, wo die Gefangenen festgehalten wurden, und zum Teil wegen der Umleitung des Flusses Liffey, als die Stadtkais erweitert wurden.

In den 1990ern wurde die Fläche anlässlich der Zweihundertjahrfeier zu einer nationalen Gedenkstätte erklärt, ein Tribut an die Märtyrer von 1798, und damit zu »einer Zone der Meditation, der Reflektion und des Friedens«. Leider wurde die Anlage schon kurz nach der Einweihung zu einem Ort des Alkohol- und Drogenmissbrauchs. Statt Blumen als Ehrung für die toten Patrioten lagen Spritzen und zerbrochene Flaschen und sonstiger Abfall herum. Die Behörden schlossen die Anlage daher aus Rücksicht auf die öffentliche Sicherheit.

Auch heute noch liegt sie brach zwischen den Baracken – die jetzt Teil des National Museum sind – und dem Haupttor der Guinness-Brauerei auf der anderen Seite des Flusses: ein für alle sichtbares Zeichen des Versagens der Behörden. Unerschrockene Touristen, die sich nicht von niedrigen Mauern und verschlossenen Toren abhalten lassen, können sie aber immer noch besichtigen.

Es lohnt sich, bei einem Rundgang im Park eine kurze Lektion über Irlands tragische Vergangenheit zu lernen und ein paar derbe Tatsachen über seine Gegenwart zu erfahren.

Adresse Benburb Street, Dublin 7 | **ÖPNV** Buslinien 37, 38, 39, »Luas Red Line« zum Museum | **Öffnungszeiten** nicht öffentlich, von außen zu sehen | **Tipp** Um die Geschichte von Croppies' Acre etwas besser zu verstehen und den Kampf nachvollziehen zu können, empfiehlt sich ein Besuch von www.theunitedirishman.blogspot.ie.

24 Die Damhirsche im Phoenix Park

Tiere mit langer Geschichte

Das Damwild, das den Phoenix Park bevölkert, ist so alt wie der etwa 700 Hektar große Park selbst. Natürlich ist damit nicht das einzelne Tier gemeint, dessen Höchstalter bei 14 Jahren liegt. Die 450 Damhirsche, die sich hier zurzeit befinden, sind direkte Nachkommen der Tiere, die im 17. Jahrhundert den damaligen königlichen Jagdpark durchstreiften.

Wie es Tieren edler Abstammung gebührt, können sie sich auf der Parkfläche oder dem Waldgebiet im Norden frei bewegen. Man muss daher überall mit ihnen rechnen, was Autofahrer auf der Hauptstraße des Parks gelegentlich zur Kenntnis nehmen müssen. Selbst wenn man sich an die Geschwindigkeitsbegrenzung hält, muss man also wachsam sein, besonders bei Nacht. Auch bei den vielen Laufwettbewerben innerhalb des Parks kann plötzlich ein Damhirsch vor den Sportlern auftauchen.

Doch meist ertragen sie es geduldig, wenn sie das 15 Acres große Gelände mit zahlreichen Sportbegeisterten teilen müssen, die um sie herum Fußball spielen oder Modellflugzeuge in die Luft aufsteigen lassen. Ein größeres Problem sind die Hunde. Immer zu Sommerbeginn warnen zahlreiche Tafeln die Hundebesitzer, diese während der Paarungszeit des Damwilds an der Leine zu führen.

Jedes Jahr beläuft sich der Nachwuchs des Damwilds auf 100 bis 200 Jungtiere, manchmal sogar auf mehr. Während des Zweiten Weltkriegs, als das Damwild einen Bestand von 1.200 Exemplaren erreichte, wurden sie zum Abschuss freigegeben, sodass nur 38 Tiere übrig blieben. 2005 waren es wieder 800, und wieder war eine Abschussfreigabe erforderlich.

In der Weihnachtszeit erscheint täglich der Nikolaus, um sie zu füttern. Aber Tierliebhaber beobachten sie das ganze Jahr über, besonders im Juni zur Paarungszeit.

Adresse Phoenix Park, Dublin 8 | **ÖPNV** Buslinien 25, 25a, 25b, 26, 66, 66a, 67 zur Parkgate Street oder Conyngham Road; »Luas Red Line« zur Heuston Station | **Öffnungszeiten** immer geöffnet | **Tipp** Um einen langen Anmarschweg zur Hirschbesichtigung zu vermeiden, kann man an der Parkgate Street ein Fahrrad leihen (die ersten 30 Minuten kostenlos; dann moderate, aber ansteigende Preise).

25 Die DART

Eine malerische Bahnstrecke mit eigenem Akzent

Für die meisten Dubliner bedeutet die DART (*Dublin Area Rapid Transit*) einfach eine Möglichkeit, zwischen ihren Wohnungen in den Vororten und der Innenstadt hin- und herzufahren. Aber die Bahn bietet auch die Gelegenheit, die Stadt zu besichtigen oder zumindest die küstennahen Teile von ihr, die zu den schönsten zählen.

Sie verbindet die zwei »Endpunkte«, die Dublin begrenzen: Howth im Norden und Bray (eigentlich Teil von County Wicklow) im Süden, beides beliebte Badeorte. Die Bahn windet sich um eine hufeisenförmige Bucht mit schönen Aussichten und vielen attraktiven Plätzen. Aus geografischen und demografischen Gründen hält sich die DART im Süden dicht an die Küste. Nördlich des Stadtzentrums bahnt sie sich den Weg landeinwärts durch Clontarf, Raheny und Kilbarrack und erreicht bei Sutton erneut die Küstenlinie.

Wenn man die ganze halbkreisförmige Fahrt mitmacht, stellt man fest, dass die häufig geäußerte Vorstellung, Dublin sei zwischen einem wohlhabenden Süden und einem ärmeren Norden aufgeteilt, nur bedingt stimmt. Wie meist in Küstennähe sind deren Einwohner nicht gerade arm. Sowohl auf der nördlichen als auch auf der südlichen Strecke der DART findet man viele grüne Vororte. Als die Bahn in den 1980ern den Betrieb aufnahm, war man allgemein der Meinung, dass sie eine teure Unterstützung der Mittelklasse darstelle. Es hieß, sie werde sich als hohe finanzielle Belastung erweisen, was aber nicht der Fall war.

Eine etwas bizarrere Kritik besteht in dem vermeintlichen Einfluss auf den Dialekt der Anwohner. Gesellschaftsreporter identifizierten bald einen selbstbewussten »Dart-Dialekt« (oder *»Dort«*, wie sie es aussprachen) unter den modernen Vorstadtbewohnern. Aber es wäre unfair, dieses Phänomen einer Eisenbahnlinie anzulasten. Im Übrigen wird der Dart-Dialekt seither auch in solch entfernten Gegenden wie dem irischen Binnenland gesprochen.

Adresse Die Haupt-DART-Linie verläuft zwischen Howth und Bray, mit Verlängerungen nach Malahide und Greystones, Tel. +353 (0)1/7033504, www.irishrail.ie | **ÖPNV** Die wichtigsten Stationen im Zentrum sind Connolly an der Amiens Street auf der Nordseite der Liffey, Tara und Pearse auf der Südseite | **Tipp** Wenn man Dublins Küste mit der DART erkunden möchte, kauft man sich ein Tagesticket (für Erwachsene circa 11 Euro), das beliebig viele Unterbrechungen erlaubt.

26_Dublin Snugs

Heimliches Trinken in Pubs innerhalb von Pubs

Als Beamter entwickelte der Schriftsteller Flann O'Brien in den 1940er Jahren die Gewohnheit, Bürostunden lieber in einem Pub zu verbringen. Einmal hielt es ein Vorgesetzter für angebracht, ihm eine freundliche Warnung zukommen zu lassen: »Man hat gesehen, wie Sie ins ›Scotch House‹ gingen.« O'Brien, der vermutete, dass der Mann ebenfalls einem Scotch nicht abgeneigt war, konterte: »Sie meinen wohl, dass ich gesehen wurde, als ich gerade ins Scotch House *hineinkam*.«

Damals war strengste Diskretion beim Besuch von Dublins Bars nicht auf Beamte im Dienst beschränkt. Auch Frauen, Priester, Polizisten und Liebende wollten häufig nicht gern beim Trinken gesehen werden. Die Lösung war der »Snug«, ein Extrazimmer, das vom Hauptlokal abgetrennt war. Der ideale Snug besaß seine eigene Tür in der Nähe des Vorder- oder Hintereingangs zu den Räumlichkeiten. Er hatte auch eine Durchreiche in der Wand, direkt zur Bar. Gab es Fenster, waren sie aus Milchglas.

Abgesehen von der Intimsphäre waren die Snugs ideal für alles Mögliche. Als Schriftsteller konnte man gleichzeitig hören, was sich in der Bar abspielte, ohne von Langweilern mit Beschlag belegt zu werden (Flann O'Brien stimmte seine Ohren auf die Dubliner ein, indem er ihnen aus sicherer Entfernung lauschte. Aber er war auch ein Genießer der Langweiler und »sammelte« ihre Erzählungen, um sie in seine Zeitungskolumne in der »Irish Times« aufzunehmen).

In manchen Fällen konnten die Snugs sogar für die Wirte nützlich sein, wenn Gäste über die Sperrstunde hinaus bleiben wollten. Die Stammgäste konnten sich dann in den Snug zurückziehen, während die anderen Gäste das Lokal verlassen mussten. In Dublin sind die berühmtesten das Doheny and Nesbitt's, Kehoe's und The Palace. Vor ein paar Jahren wurde öffentlich über den besten Snug abgestimmt. Die meisten Stimmen erhielt Toner's in der Baggot Street (siehe Abbildung).

Adresse Snugs (gemütliche Hinterzimmer) in Bars sind in Dublin überall zu finden; Toner's Pub (Bild), 139 Lower Baggot Street, Dublin 2 | **Öffnungszeiten** Für alle Dubliner Pubs: Mo–Do 10.30–23.30 Uhr, Fr und Sa 10.30–0.30 Uhr, So 12.30–23 Uhr | **Tipp** Für die Dubliner Snugs gilt das Prinzip »Wer zuerst kommt, mahlt zuerst«, aber Gruppen können reservieren, wenn sie höflich anfragen.

27_Die Einkaufspassage

Ein Paradies für Dublins Bohemiens

Als 1881 der South City Market Dublins erstes Einkaufszentrum wurde, gestaltete sich die offizielle Eröffnung als eine ausgesprochen elitäre Angelegenheit. Die reichen Investoren hatten nur englische Architekten und Bauunternehmer für den Bau der neuen Ladenzeile engagiert. Und die Dubliner wurden zusätzlich brüskiert, da sie zu ihrer großen Verärgerung nicht zum Galadinner eingeladen wurden.

1892 wurde der Markt größtenteils durch einen Brand zerstört. Dieses Mal erfolgte der Wiederaufbau durch einheimische Handwerker. Und man hatte die Lektion gelernt: Bei der offiziellen Wiedereröffnung waren alle namhaften Dubliner eingeladen. Seit damals hat sich das George's Street Arcade – wie die Einkaufspassage jetzt heißt – dauerhaft auf Dublins Southside durchgesetzt.

Heutzutage ist der Markt eine bunte Mischung aus Bohemien-Klamotten, Schmuckständen, Läden, die gebrauchte Bücher und CDs verkaufen, sowie Cafés. Es gibt auch eine Fish-and-Chips-Bude, einen Kartenleger und einige Läden, wo man sich tätowieren lassen kann. »Bodypiercing seit 1973« verkündet ein Schild an einer der altehrwürdigen Einrichtungen.

Dieses Shoppingcenter dient auch als überdachter Verbindungsweg zwischen der überfüllten South Great George's Street und den ruhigeren, schickeren Straßen im unmittelbaren Osten – hin zu einem Platz, wo man sich wie in einem Dorf fühlt. Am Eingang der George's Street zur Arcade befindet sich »Simon's Place«, ein Café, in dem Schauspieler, Studenten und andere, die sparen müssen, sich eine Suppe oder ein dick belegtes Sandwich gönnen und dabei die Passanten beobachten.

Durch eine Seitentür im Arcade gelangt man zu der höhlenartigen »Market Bar«, einer ehemaligen, aus Ziegelsteinen erbauten Lagerhalle. Das Gebäude wurde zu einem beliebten Pub und Tapas-Restaurant umgebaut, dessen Haupteingang zur nahe gelegenen schickeren Fade Street führt.

Adresse South Great George's Street, Dublin 2, Tel. +353 (0)1/2836077, www.georgesstreetarcade.ie | **ÖPNV** Buslinien 9, 15, 16, 68a, 83 oder »Luas Green Line« nach St Stephen's Green, dann zehn Minuten zu Fuß | **Öffnungszeiten** Mo–Mi und Sa 9–18.30 Uhr, Do 9–20 Uhr, Fr 9–19 Uhr, So 11–18 Uhr | **Tipp** Auf der großzügigen Südseite der Arkade spielt sich der Fußgängerverkehr ab. Die enge Nordseite ist leicht zu übersehen, aber es gibt dort ebenfalls Läden, darunter ein gutes Buch-Antiquariat.

28 Die Einschusslöcher

Treffer im Kreuzfeuer des Kampfs um Unabhängigkeit

Viele Dubliner halten eisern an dem Glauben fest, dass die Vorderseite des GPO (Hauptpostamts) voller Einschusslöcher sei. Während des Aufstands von 1916 diente es immerhin als Hauptquartier der Rebellen und wurde von der britischen Armee heftig beschossen. Wie sonst ließen sich auch die kleinen Löcher in den Säulen und an anderen Stellen erklären?

Erstaunen rief vor einigen Jahren die Aussage eines GPO-Sprechers hervor, der gefragt wurde, ob bei einer Renovierung die Kriegserinnerungen erhalten blieben. Er erklärte, es handele sich keineswegs um Einschusslöcher. Der Dubliner Historiker Pat Liddy untermauerte die Aussage des GPO-Sprechers und meinte, die großkalibrigen Gewehre der Briten hätten eher Splitterschäden hinterlassen als runde Löcher. Das Gebäude, das durch Beschuss größtenteils zerstört worden war, war in den 1920ern wieder aufgebaut worden. Und zum Kummer republikanischer Romantiker waren die Löcher in den Säulen lediglich witterungsbedingt.

Auf dem nahe gelegenen Denkmal für Daniel O'Connell erkennt man hingegen eindeutig Einschüsse, die aus dieser Zeit stammen. Die Statue wurde 1882 zu Ehren des »Liberator« errichtet und befand sich während der Kämpfe voll in der Schusslinie. Die überlebensgroße Bronzestatue von O'Connell wurde dabei mehrmals getroffen, aber auch drei der vier auf einem Sockel abgebildeten Engel, die jeweils eine Tugend von O'Connell darstellen und die Gestalt umringen. Dem »Mut«-Engel wurde durch die rechte Brust geschossen, dem der »Eloquenz« durch den Ellbogen. Insgesamt wurden 30 Einschusslöcher in dem Monument gefunden, zehn davon in der Statue O'Connells selbst.

Doch keiner der Kriegsschäden greift die Würde des großen Parlamentariers, der Gewalt verabscheute, mehr an als die Tatsache, dass sich täglich Tauben auf seinem Kopf niederlassen – eine wahrhaft grobe Beleidigung.

Adresse O'Connell Street, Dublin 1 | **ÖPNV** alle Buslinien ins Zentrum, »Luas Red Line« zur Abbey Street | **Tipp** Obwohl er als Verfechter des gewaltlosen Widerstands bekannt war, tötete Daniel O'Connell einst in einem Duell einen politischen Gegner. Als er danach die Messe besuchte, trug er einen schwarzen Handschuh an der Hand, mit der er den Abzug betätigt hatte, damit ihr Anblick Gott nicht erzürne.

29 Das Ernest-Walton-Denkmal

Über die zwei Seiten eines wissenschaftlichen Genies

Die Skulptur wird »Apples and Atoms« genannt. Sie befindet sich vor der School of Physics und lässt deshalb nicht vermuten, dass die »Äpfel« auf das Obst anspielen, das um 1675 Isaac Newton zu seiner berühmten Entdeckung inspiriert haben soll. Die übereinandergestapelten spiegelblanken Kugeln erinnern an einen Durchbruch der Wissenschaft im 20. Jahrhundert, der dazu beitrug, Albert Einsteins Modell des Universums zulasten von Newtons Modell zu etablieren.

Die Skulptur ist eine Reverenz an Ernest Walton, einen irischen Physiker, der zusammen mit dem Engländer John Cockcroft als Erster den Atomkern spaltete. Das Ereignis von 1932 war die früheste praktische Demonstration der Einstein'schen Gleichung, bei der Energie und Masse äquivalent sind. Und im Guten wie im Bösen markierte es den Beginn des Atomzeitalters.

Die beiden Genies Walton und Cockcroft begegneten sich an der Cambridge University und bildeten eine perfekte Partnerschaft. Der Engländer war der Theoretiker der beiden. Und der Ire der Macher, der den Teilchenbeschleuniger konstruierte, den sie benutzten. Gemeinsam gewannen sie den Nobelpreis.

Walton war erst 29, als er berühmt wurde. Er lebte noch 60 Jahre und kehrte zum Trinity College in Dublin zurück, wo er studiert hatte, bevor er nach England ging. In einem Land, das vier Schriftsteller hervorgebracht hatte, die den Nobelpreis gewannen, war er der einzige Ire, der ihn für Physik bekam. Seine Kollegen beschreiben ihn als ruhigen, zurückhaltenden Mann, der sich genauso gern im Garten aufhielt wie im Labor.

Geschaffen hat die Skulptur Eilís O'Connell. Die Kugeln stellen Waltons höchst logischen Verstand und einen Teil des Beschleunigers dar. Und da der Wissenschaftler es auch liebte, Obstbäume zu pflanzen, steht auf beiden Seiten der Skulptur je ein Apfelbaum.

Adresse The School of Physics, Trinity College, Dublin 2, Tel. +535 (0)1/8961000, www.tcd.ie/Physics | **ÖPNV** alle Buslinien ins Zentrum oder DART zur Pearse oder Tara Station, dann fünf Minuten zu Fuß | **Tipp** Nahe Trinity College befindet sich die Science Gallery, wo ständig wechselnde Ausstellungen stattfinden.

30 Die Freemason Hall

Eine Geheimgesellschaft, die nun teilweise Besuchern zugänglich ist

Die Freimaurerlogen sind sehr geheimnisvolle Organisationen. Doch in den letzten Jahrzehnten haben die Freimaurer ihre Türen für Besucher regelrecht aufgerissen, um der Vorstellung, ihr Wirken umgebe etwas Düsteres, entgegenzuwirken. Die Hall an der Molesworth Street – der Hauptsitz für alle irischen Logen – war hier richtungweisend.

Die Ursprünge gehen auf das Mittelalter zurück, als Steinmetzzünfte bestimmte Persönlichkeiten der Gesellschaft als ehrenamtliche oder »freie« Mitglieder aufnahmen. Seit damals hat die Organisation die Symbolik des Gewerbes beibehalten, gleichzeitig aber angestrebt, sich zu etwas Universalerem zu entwickeln, das einzig und allein der moralischen Verbesserung der Mitglieder und der Gesellschaft dienen soll. Man braucht kein Christ zu sein, um sich einer Loge anzuschließen. Diskussionen über Religion oder Politik sind innerhalb der Loge verpönt und gegen die Regeln. Der Glaube an ein »Höchstes Wesen« genügt. Doch in den höheren Rängen, wo eine Mitgliedschaft nur auf Einladung möglich ist, wird eine Zugehörigkeit zum Christentum erwartet.

Besucher in der Molesworth Street betreten ein Museum und die verschiedenen Räume eines schönen viktorianischen Gebäudes, alle vollgestopft mit den Symbolen der Freimaurer. Ein schwarz-weißer Schachbrettteppich steht zum Beispiel für das Gute und das Böse, das die Mitglieder im Leben durchmachen. Das Zeichendreieck und der Kompass bedeuten »das ehrliche Geschäft«, das sie anderen anbieten müssen. Das »Allsehende Auge« stellt das Höchste Wesen dar.

Doch auch die Politik der Offenheit hat ihre Grenzen. Unter den Utensilien, die in den oberen Räumen zu besichtigen sind, befinden sich altmodische »Wahlurnen«, ergänzt mit Trichtern, Schubladen und schwarz-weißen Perlen. Wenn es um die Neuaufnahme eines Mitglieds geht, genügt im Allgemeinen eine schwarze Perle für ein Veto.

Adresse 17 Molesworth Street, Dublin 2, Tel. +353 (0)1/6761337, www.irish-freemasons.org | ÖPNV Buslinien 7b, 7d, 11, 15a, 15b, 39a, 145 oder »Luas Green Line« nach Stephen's Green, dann zehn Minuten zu Fuß | Öffnungszeiten Im Sommer geführte Touren Mo–Fr 14 Uhr, ansonsten nach telefonischer Vereinbarung | Tipp Trotz mancher Gemeinsamkeiten haben die Freimaurer keine Verbindung zum Oranier-Orden, einer durch und durch protestantischen Organisation, obwohl der Orden in der nahe gelegenen Dawson Street gegründet wurde.

31 Fusiliers Arch

Ein Tor trennt zwei Traditionen irischer Geschichte

Für die meisten Dubliner ist der Triumphbogen einfach der Durchgang zum St Stephen's Green, mit Blick auf eine der geschäftigsten Ecken der Stadt, wo alles zusammenkommt: Menschen, die shoppen, Straßenmusikanten, Touristen in Kutschen und die Endstation der »Luas Green Line«. Heute benutzt niemand mehr den offiziellen Namen des Denkmals: The Royal Fusiliers Memorial Arch. Fairerweise muss man erwähnen, dass aber auch nicht viele den verächtlichen Titel benutzen, den ihm manche in den Jahren nach seiner Errichtung gegeben haben: »Verrätertor«.

Inzwischen ist der ursprüngliche Zweck des Denkmals für die meisten durch dessen lateinische Inschrift verschleiert: »Dublin widmet dies seinen tapferen Soldaten«. Die Namen dieser Soldaten stehen auf dem Bogen: Es sind 222 Mitglieder der Dublin Fusiliers, die während des Zweiten Burenkriegs (1899–1902) in der britischen Armee kämpften und dabei umkamen. 1907, als der Bogen nach dem Vorbild des Titusbogens in Rom errichtet wurde, machten das Mitgefühl mit den Buren und die Forderung nach Autonomie das Denkmal bei vielen Nationalisten unbeliebt. In Burengenerälen wie Christiaan de Wet sahen diese Leute Helden, und sie waren der Meinung, dass die Fusiliers für die falsche Sache gekämpft hatten.

Die klassische Dubliner Ballade »Monto« behandelt den Fall mit respektlosen Worten: »*You see the Dublin Fusiliers / the dirty old Bambooziliers / De Wet 'll get the childer / One, two, three / Marching from the Linen Hall / There's one for every cannonball / And Vicky's going to send youse all / Over the sea.*« Mit »Vicky« war Königin Victoria gemeint, deren Sohn der letzte englische Monarch war, der Dublin unter britischer Herrschaft besuchte. Wie vieles im Stadtzentrum wurde auch der Fusiliers Arch im Unabhängigkeitskrieg erheblich beschädigt, blieb aber bis heute erhalten, da nunmehr die Probleme weniger brisant geworden waren.

Adresse St Stephen's Green, Dublin 2 | ÖPNV alle City-Buslinien oder »Luas Green Line« nach St Stephen's Green | Tipp Innerhalb des Fusiliers Arch, der die traditionelle Opposition der irischen Politik im frühen 20. Jahrhundert repräsentiert, steht das Denkmal des Fenian-Führers Jeremiah O'Donovan Rossa.

32 Der Garten am Dubh Linn

Luftansicht eines halb verborgenen Gartens

Die beste Möglichkeit, den Dubh Linn Garden zu betreten, bietet sich aus der Luft. Das ist allerdings nicht so abwegig, wie es klingt, da der Garten, bevor er zum Landschaftspark umgestaltet wurde, ein Hubschrauberlandeplatz war. Diese Funktion wurde auch bei der Umgestaltung in den 1990er Jahren beibehalten. Die kreisförmigen Lichtstrahler in der Mitte des Gartens dienen als Landungshilfe für Hubschrauber. Auch das rein dekorative Gartenlabyrinth mit engen gepflasterten Wegen – ein keltisches Design aus zwei miteinander verflochtenen Schlangen – kann am besten aus der Luft betrachtet werden.

Aber die meisten Besucher betreten den Garten durch einen der zahlreichen Eingänge im Untergeschoss des Dublin Castle. Auch aus diesem Blickwinkel ist der Garten sehr hübsch. Sollten Sie kleine Kinder haben, werden diese magisch von den Schlangenlinien des Labyrinths angezogen. Kein Kind kann dem Drang widerstehen, über die gepflasterten Wege zu rennen. Das ist wohl Teil eines cleveren Plans der Landschaftsgärtner, den Rasen zu schonen.

Obwohl der Garten im Zentrum von Dublin liegt (neben dem dunklen Tümpel oder Dubh Linn, dem die Stadt ihren Namen verdankt), kennen ihn die meisten Dubliner nicht oder haben ihn vergessen. Dabei ist er eine Oase der Ruhe, abseits des Straßenlärms und des Gedränges der Touristen im Castle.

Über einen Steg gelangt man zum Schloss und den Teestuben. Das Dublin Castle beherbergt auch die großartige Chester Beatty Library (siehe S. 40) sowie das Coach House (für Tagungen und Ausstellungen). Letzteres wurde übrigens anlässlich des Besuchs von Königin Victoria teils zu ihrem Vergnügen gebaut und teils, um ihr den Blick auf die nahe gelegenen Rückseiten der Wohnhäuser zu ersparen. Vom Garten aus kann man heute deutlich das Zusammenspiel verschiedener widersprüchlicher Baustile des burgartigen Coach House erblicken.

Adresse Zugänge von der Dame Street, Castle Street und Ship Street, Dublin 2, Tel. +353 (0)1/6458813, www.dublincastle.ie | **ÖPNV** Buslinien 13, 27, 40, 49, 54a und 747 Airlink zur Dame Street; oder 9, 14, 15, 15a, 15b, 16, 65 und 122 zur George's Street | **Öffnungszeiten** Mo–Sa 9.45–16.45 Uhr, So (und gesetzliche Feiertage) 12–16.45 Uhr | **Tipp** Den Garten kann man von den »Dubh Linn Castle Tea Rooms« überblicken, genauso wie vom »Silk Royal Cafe« aus, einem orientalischen Erlebnisrestaurant in der Chester Beauty Library (siehe Seite 40).

33 Das Grab von Margaret Naylor

Die Kriegstragödie eines tragischen Paars

Unter den letzten Ruhestätten britischer Soldaten und ihrer Verwandten, die auf dem Grangegorman Military Cemetery bestattet sind, gibt es ein Grab von 1916 mit einer tragischen Geschichte. Es enthält die Überreste von Margaret Naylor, einer Dubliner Hausfrau. Am 29. April 1916 ging sie auf der Suche nach Brot aus dem Haus.

Dies war ein äußerst gefährliches Unterfangen, da vier Tage zuvor irische Nationalisten die wichtigsten Gebäude in der Stadt besetzt und die Republik ausgerufen hatten. Dublin war im Kriegszustand. Soldaten und Rebellen schossen von Dächern aufeinander, auf den Straßen wurde gekämpft, und viele Zivilisten gerieten ebenfalls in die Schusslinie, so auch Margaret Naylor. Als sie auf der Suche nach Nahrungsmitteln über die Ringsend Drawbridge ging, erlitt sie einen Kopfschuss, an dem sie zwei Tage später starb.

Inzwischen lag ihr Mann John in den Schützengräben Nordfrankreichs. Der Verkäufer in einem Lebensmittelgeschäft hatte sich bei Ausbruch des Ersten Weltkriegs den Royal Dublin Fusiliers angeschlossen. An dem Tag, als seine Frau tödlich verwundet wurde, hatte er das Pech, in Hulluch, in der Nähe von Loos, zu sein, wo die Deutschen Gasgranaten auf die Frontlinien der Alliierten schossen.

Naylor gehörte zu den 700 Soldaten, die den Gasgranaten, Chlor und Phosgen zum Opfer fielen. Man vermutet, dass er in der Nähe des Schlachtfelds begraben wurde. Sein Name ist auf einer Gedenktafel in Loos verewigt. Seine Frau dagegen wurde auf dem Militärfriedhof in Dublin bestattet. Da man sich aber im Nachkriegs-Irland ungern an das britische Militär erinnerte und Irland ohnehin Unabhängigkeit anstrebte, war auch ihr Grab bald vergessen.

Doch Ende des 20. Jahrhunderts fand ein Enkel Margaret Naylors Grab. Ein neuer Grabstein erinnert an sie und ihren Mann, der fast gleichzeitig im fernen Frankreich starb.

Adresse Grangegorman Military Cemetery, Blackhorse Avenue, Dublin 7, Tel. +353 (0)1/8213021 (Heritage Ireland), www.opwdublincommemorative.ie | ÖPNV Buslinie 37 | Öffnungszeiten täglich 10–16 Uhr | Tipp Der Militärfriedhof ist einen Sprung von Irlands »längstem Pub«, dem »Hole in the Wall« (Blackhorse Ave, Dublin 7), entfernt.

34_Das Grab Vonolels

Die letzte Ruhestätte eines vierbeinigen Kriegshelden

Die meisten Veteranen, die auf dem Friedhof des Royal Hospital Kilmainham (RHK) begraben wurden, hatten zwei Beine, und einige besaßen als Ergebnis ihrer Pflicht König und Vaterland gegenüber nur noch eines. Aber zumindest einer von ihnen hatte vier.

Es handelte sich um das Pferd Vonolel: ein hübscher weißer Araberhengst, der bei den Feldzügen in Afghanistan mitwirkte (1880er Jahre). Königin Victoria zeichnete ihn wegen seiner Heldentaten mit mehreren Medaillen aus. Außerdem hatte er die Ehre, ihre Jubiläumsprozession durch London anzuführen.

Als dieses Pferd starb, wurde es mit militärischen Ehren bestattet und bekam einen hübschen Grabstein (mit einem eingravierten Gedicht, das den Wunsch des Besitzers, des englisch-irischen Lords Robert, damaliger Oberbefehlshaber der Armee, auf ein Wiedersehen im Himmel ausdrückte) in den ummauerten Gärten des RHK.

Das Hospital, das 250 Jahre dem Militär diente, verfiel nach Irlands Unabhängigkeit. Doch inzwischen wurde es renoviert und dem Irish Museum of Modern Art angegliedert. Heutzutage findet man im Hauptgebäude abstrakte Bilder und Exponate, während die alten Soldaten auf dem Friedhof ruhen: Offiziere in einem Teil, die unteren Ränge in einem anderen, was das Klassenbewusstsein früherer Zeiten widerspiegelt.

Übrigens war Vonolel nicht der einzige vierbeinige Held in den Kriegen in Afghanistan. Ein Hund namens Bobby, eine »weiße Promenadenmischung«, wurde ebenfalls ausgezeichnet. Er überlebte Afghanistan, geriet aber in London unter ein Taxi, wurde ausgestopft und im Regimentsmuseum in England ausgestellt. Im Royal Hospital Kilmainhain hätte man ihm nie einen Platz neben Vonolel zugewiesen, denn die Viktorianer gestanden einer Promenadenmischung keinerlei militärische Ehren zu. Es scheint kein Zufall zu sein, dass sogar heute eine Tafel am Eingang des ummauerten Gartens besagt: »Hunde verboten!«.

Adresse The Irish Museum of Modern Art, Military Road, Kilmainham, Dublin 8, Tel. +353 (0)1/6129900, www.imma.ie | **ÖPNV** Buslinie 79, 79a, 145; »Luas Red Line« zur Heuston Station, dann acht Minuten zu Fuß | **Öffnungszeiten** Di–Fr 11.30–17.30 Uhr, Sa 10–17.30 Uhr, So 12–17.30 Uhr. Eintritt frei. | **Tipp** Das Pferd ist nicht unter dem Grabstein begraben, sondern mitten in den Gärten.

35__The Gravediggers Pub

Eine Bar mit Laufkundschaft

Offiziell heißt er »John Kavanagh's«, aber besser bekannt ist er unter seinem Spitznamen »Gravediggers Pub« wegen der durstigen Kundschaft, die nebenan auf dem Glasnevin-Friedhof arbeitete. Nicht, dass der Friedhof eine Tür zum Pub hätte. Es stimmt auch nicht, dass der Pub eine spezielle Durchreiche hätte, durch die die Biergläser direkt in den Friedhof gereicht worden wären. Vielmehr wurde an die Mauer geklopft, manchmal mit Hilfe von Schaufeln. Daraufhin brachte man die Pints zum Gitterzaun des Friedhofs und reichte sie hinüber.

Das Kavanagh's, das 1833 ein Jahr nach der Einweihung des Friedhofs gegründet wurde, scheint sein eigenes Stück Ewigkeit gepachtet zu haben. Der Pub hat inzwischen sechs Generationen derselben Familie erlebt. Jetzt arbeiten die siebte und achte hinter dem Tresen. In 180 Jahren hat sich nicht allzu viel verändert. Es gibt immer noch kein Fernsehen oder Dudelsackmusik. Auch wenn alle möglichen Drinks erhältlich sind, bevorzugen die meisten Gäste nach wie vor ihr Guinness, das hier besonders gut sein soll.

Der einzige Kompromiss des Kavanagh's in Bezug auf die Moderne bestand darin, dass seit einiger Zeit in der Lounge eine kleine Auswahl an Speisen angeboten wird, also Lunch von Montag bis Freitag und von Dienstag bis Samstag Tapas am Abend. Ansonsten ist er nach wie vor ein Ort, wo man sich in aller Ruhe unterhält und sein Bier genießt. Auf jeden Fall stört man nicht die »One Million Dubliners« (der Titel eines hochgelobten Dokumentarfilms von 2014 über den Friedhof), die friedlich nebenan ruhen.

Im Übrigen soll das Kavanagh's einen Hausgeist haben. Wenn er erscheint, was allerdings selten vorkommt, sitzt er in einer Ecke des Lokals, angetan mit einem Wams, einer Halskrause und einem Zwicker. Niemand weiß, wer er ist, doch man vermutet, dass er seinen ständigen Wohnsitz auf der anderen Seite des Gitterzauns hat.

Adresse 1 Prospect Square, Dublin 9, Tel. +353 (0)1/8307978, Facebook: John Kavanagh »The Gravediggers« | ÖPNV Buslinien 13, 19, 19a, 40 (a, b, c, d), 83 | Öffnungszeiten Mo–Fr 10.30–23.30 Uhr, Sa 10.30–24 Uhr, So 12.30–23 Uhr | Tipp The Dublin Ghost Tour, die im Zentrum startet, führt auch zum Kavanagh's (www.ghostbusdublin.com).

36 Der Great South Wall

Ein anregender Spaziergang zur Dublin Bay

Auf einer Karte von Dublin erscheint das Gebiet um die Ringsend Docks vergleichbar mit einem Revolver, der auf Wales gerichtet ist. Er hat sogar einen Abzug im Süden der Halbinsel. Und aus dem Revolverlauf steigt eine dünne Linie auf, die an die Spur einer Kugel erinnert. Sie läuft direkt auf das Meer zu, bevor sie leicht abschwenkt und dann in einen Leuchtturm einschlägt.

Die dünne Linie ist die Great South Wall, oben neun Meter breit und am Sockel noch breiter. Das ist gut so, sonst wäre man auf der letzten Strecke zur Dublin Bay noch viel exponierter. Aber so ist es ein sehr anregender Spaziergang oder Lauf in die Stadt.

Die schlechte Nachricht ist, dass der Weg dorthin an einer sehr hässlichen Industriezone vorbeiführt. Der vorher erwähnte Revolver besteht aus trockengelegtem Land, das für nur wenig reizvolle Projekte wie die Dubliner Kläranlage benutzt wird. Hier riecht es in der Tat genauso übel, wie Sie befürchten. Im Auto können Sie allerdings schnell daran vorbeifahren.

Die Great South Wall, die inzwischen 300 Jahre alt ist, war ein früher Versuch, die Versandung der Dublin Bay zu verhindern, wozu sie neigte. Schließlich wurde das Problem durch die North Wall, die mehr als 100 Jahre später gebaut wurde, gelöst. Aber auch wenn es kein durchgehender Erfolg war, stellte die South Bull Wall (wie sie auch genannt wurde) eine großartige Ingenieurleistung dar, da sie damals der längste Damm der Welt war.

Ein großer Teil der ursprünglichen Anlage ist jetzt in die Halbinsel integriert und der Öffentlichkeit nicht zugänglich. Aber es bieten sich noch genug Möglichkeiten zum Wandern, um die Lungen mit frischer Luft zu füllen, damit sich der höllische Trip durch das Brachland gelohnt hat. Das ist jedoch noch nicht das Ende des Spaziergangs.

Am Ende des Damms warten das Poolbeg Lighthouse und ein Panorama von Dublin, das einmalig ist.

Adresse Pigeon House Road, Ringsend, Dublin 4 | **ÖPNV** Buslinie 18 bis zur Endhaltestelle Sean Moore Road, dann 20 Minuten zu Fuß | **Tipp** Auf dem Weg zur Great South Wall steht ein Zwillingsschornstein; früher wurde er als Schandfleck betrachtet, heute wird er zunehmend als ein bedeutendes, schützenswertes Dubliner Wahrzeichen angesehen.

37 Die Hamilton'sche Mechanik

Ein kleiner Strich für den Menschen, ein Riesensprung für die Mathematik

Eines Tages im Oktober 1843 ging der Mathematiker William Rowan Hamilton den Treidelpfad an Dublins Royal Canal entlang, als er plötzlich einen Geistesblitz zur Lösung eines Problems hatte, das ihn schon lange quälte. Später beschrieb er in einem Brief an einen Freund den Augenblick so: »Ein Stromkreis schien sich zu schließen, und ein Funke blitzte auf.« Er hatte eine Formel zur Berechnung von Quaternionen entdeckt, eine Möglichkeit, komplexe Zahlen in höhere Raumdimensionen auszuweiten. Er war so begeistert von dem Durchbruch, dass er sogleich mit dem Messer die Gleichung (i2 = j2 = k2 = ijk= −1) in den Stein der Broom Bridge einritzte. Sein kleiner Akt des Vandalismus war längst verschwunden, als ein junger Mathematikstudent namens Eamon De Valera ein halbes Jahrhundert später danach suchte. Dieser wurde später Taoiseach (irischer Premierminister). Und in dieser Funktion enthüllte er 1958 eine Steinplatte auf der Brücke, die jetzt Hamiltons Geistesblitz für immer festhält.

Die Quaternionen waren und sind so kompliziert, dass ihr Erfinder mehrere Bücher darüber schrieb, in denen er sie zu erklären versuchte. Allein das letzte umfasst 800 Seiten. Nach seinem Tod wurde diese Art der Berechnung eine Zeit lang unmodern und in der Naturwissenschaft und im Ingenieurwesen durch Vektorrechnungen ersetzt. Doch Hamiltons Berechnung der Quaternionen, die ihrer Zeit weit voraus war, erlebte Ende des 20. Jahrhunderts ein Comeback. Nun wurden sie bei Computergrafiken und in der Orbitalmechanik verwendet. Wenn ein Raumschiff auf den Mond oder den Mars geschickt wird, sind die Quaternionen unerlässlich, um dorthin zu gelangen.

Der ursprüngliche Geistesblitz wird jährlich am 16. Oktober, Hamiltons Geburtstag, durch den Hamilton Walk vom Dunsink-Observatorium zur Broom Bridge gefeiert.

Adresse Broom Bridge, Cabra, Dublin 7 | **ÖPNV** Vorortzüge verkehren zwischen Connolly Station und Broombridge Station, oder Buslinie 120 | **Tipp** Jeden ersten und dritten Mittwoch während der Wintermonate (Oktober bis März) ist das Dunsink Observatory nachts kostenlos zugänglich (www.dias.ie).

38 Die Harfe von Brian Boru

Ein weltweit kopiertes Instrument

Während man sich um das »Book of Kells« reißt, wird ein weiteres Kleinod des Trinity College häufig übersehen, obwohl seine symbolische Bedeutung für Irland vermutlich viel größer ist: die Brian-Boru-Harfe. Diese Harfe wurde nach dem irischen Hochkönig Brian Boru (gest. 1014) benannt, für den sie angeblich gefertigt worden war. Das Instrument stammt jedoch erst aus dem späten 14. oder frühen 15. Jahrhundert, ist aber dennoch eine der ältesten existierenden Harfen.

Vermutlich ist sie auch die berühmteste Harfe, und zwar aus zweierlei Gründen. Erstens diente sie mit der geraden Kante zur rechten Seite als Modell für Irlands Nationalsymbol und ist allgegenwärtig auf Münzen, Briefmarken und Firmenbriefpapier. Zweitens wurde sie, mit der Kante zur linken Seite, auch zum Logo der Guinness-Brauerei.

Irland ist das einzige Land der Welt, das ein Musikinstrument als Symbol hat, was auf die Bedeutung der Musik für die Geschichte des Landes verweist, wobei die Harfe als Symbol für Macht und Ansehen eine Vorrangstellung einnimmt. Im gälischen Irland hatten begabte Harfenbauer bis zur Abschaffung des Clanwesens eine hohe soziale Stellung. Nach der Schlacht von Kinsale (1601) führte die halb politische Rolle der Clans zu dem schändlichen Befehl, »die Harfenbauer zu hängen und ihre Instrumente zu verbrennen«. Turlough O'Carolan, der berühmteste Harfenspieler und Komponist, war zu der Zeit jedoch noch gar nicht geboren. Im 19. Jahrhundert war das traditionelle Instrument (metallbesaitet und mit den Fingernägeln gezupft) immer noch populär.

Die Brian-Boru-Harfe sorgte 1969 wieder für politische Schlagzeilen, als ein Mitglied der Irisch-Republikanischen Armee sie stahl. Eigentlich hatte er es auf das »Book of Kells«, dem größten Anziehungspunkt für Touristen, abgesehen. Als er es aber nicht ergattern konnte, begnügte es sich mit dem Instrument. Später wurde er verhaftet und die Harfe unbeschädigt zurückgegeben.

Adresse The Long Room in the Old Library, Trinity College, Collage Green, Dublin 2, Tel. +353 (0)1/8962320, www.tcd.ie/visitors | ÖPNV alle City-Centre-Buslinien; DART nach Tara Station oder Pearse Station, »Luas Red Line« nach Abbey Station, oder »Luas Green Line« nach Stephen's Green, anschließend jeweils ein Fünf-Minuten-Spaziergang | Öffnungszeiten Mai–Sept. Mo–Sa 9.30–17 Uhr, So 9.30–16.30 Uhr; Okt.–April Mo–Sa 9.30–17 Uhr, So 12–16.30 Uhr | Tipp Das Trinity College bietet in der Sommerzeit Unterkünfte für Nichtstudenten, über die Webseite (siehe oben) oder Tel. +353 (0)1/8961177 zu buchen.

39 The Hellfire Club

Ein hübscher Ort mit einer düsteren Geschichte

Die Aussicht vom Montpelier Hill gehört zu den spektakulärsten in Dublin. An einem klaren Tag kann man die gesamte Stadt überblicken. Aber viele Menschen werden eher durch unheimliche Assoziationen, die der Hügel und die seltsam geformte Ruine oberhalb hervorrufen, angelockt. Das Montpelier House wurde 1725 von William Conolly, einem der reichsten Männer Irlands, als Jagdhütte errichtet. Laut Aussagen der Einheimischen stand es von Anfang an unter einem unglücklichen Stern. Die Bauarbeiter hatten das Material dafür von einem Steinhaufen in der Nähe geholt – einem ehemaligen Grabhügel. So verwundert es nicht, dass ein Sturm das Schieferdach hinwegfegte. Der Eigentümer sah sich gezwungen, es neu mit Steinen zu decken.

Die eigentliche Bekanntheit des Gebäudes datiert jedoch auf die späten 1730er Jahre, als es nach Conollys Tod ein Treffpunkt für den sogenannten Hellfire Club wurde: eine Gemeinschaft untätiger, reicher junger Männer, die sich damit amüsierten, die Gesellschaft zu schockieren. Zuverlässige Quellen fehlen, doch angeblich umfassten ihre Aktivitäten alles, von Trinkgelagen (besonders ein Gebräu namens »scaltheen«: eine heiße, einer Brühe ähnliche Mischung aus Whiskey, Butter und anderen Zutaten) bis zum Satanismus. Es geht das Gerücht, dass sie einmal eine schwarze Katze in diese Brühe tauchten und sie dann als Opfergabe in Brand setzten.

Noch schlimmer war jedoch der Vorfall, bei dem Richard Chappell Whaley, ein führendes Clubmitglied, während eines Streits unter Alkoholeinfluss einen seiner Diener mit Alkohol überschüttete und in Flammen setzte. Das unglückliche Opfer setzte bei dem Versuch, sich zu retten, das Haus in Brand. Einige Clubmitglieder kamen dabei in den Flammen um.

Danach zog der Club in das Stewards House, das heute noch existiert. Und bis vor Kurzem behaupteten einige Besucher, eine riesige schwarze Katze mit roten Augen geistere dort herum.

Adresse Kilakee, Rathfarnham, County Dublin | ÖPNV kürzeste Buslinie 15b zur Stocking Lane, dann ein langer Fußmarsch; für Autofahrer gibt es einen Parkplatz an der R115 zwischen Rathfarnham und Glencullen | Tipp In der Gegend befindet sich das ehemalige Massy Estate. Bei einem Waldspaziergang kann man einige Sehenswürdigkeiten finden, etwa ein Keilgrab aus der Bronzezeit.

40 Henrietta Street

Vom Tellerwäscher zum Millionär

Die Henrietta Street, eine Sackgasse mit weniger als 20 großen Häusern, blickt auf fast 300 Jahre zurück und hat inzwischen drei sehr unterschiedliche Zeitabschnitte hinter sich. Die Anfänge reichen bis in die 1720er Jahre zurück, als hier eine ruhige Villengegend für die Reichen der Stadt war, mit prunkvollen Treppenaufgängen, Ballsälen und all den vielen Möglichkeiten, die ihr verschwenderischer Lebensstil erforderte.

Im 19. Jahrhundert zogen die Reichen in die Vororte, die damals als schick galten. Und die Straße erlebte einen Abstieg. Die riesigen Häuser wurden zu Mietskasernen der Armen von Dublin. Ganze Familien lebten in einem Raum, und die Treppenhäuser wurden herausgerissen, damit mehr Menschen in den Häusern wohnen konnten.

In den letzten Jahrzehnten des 20. Jahrhunderts wurden die Bewohner der Mietskasernen wieder umquartiert, und die Henrietta Street trat in ihre dritte und unsicherste Phase – ihre architektonische Bedeutung als zerbröckelndes Kleinod des georgianischen Dublin ist allgemein anerkannt, aber es fällt schwer, das Geld und die Entschlossenheit zu finden, sie zu retten.

Heutzutage verfallen viele der Gebäude mehr und mehr, auch wenn ein paar Glück hatten. Die Nummern 15 und 16 sind jetzt die kapitalkräftigen Zentralen der Na Píobairí Uilleann, der irischen Dudelsackgesellschaft, die inzwischen auf eine große Erfolgsstory zurückblickt, nachdem auch sie am Rande des Abgrunds stand. Die Nummer 14 wurde zum Museum für die Geschichte der Dubliner Mietskasernen umgestaltet, eine passende Rolle für ein Haus, das Mitte des letzten Jahrhunderts hundert Menschen aus 17 verschiedenen Familien Obdach bot.

Und dann ist da noch die Nummer 12. Das Haus kann heute für Kunstausstellungen oder Partys gebucht werden. Hier wurden schon Szenen für 40 Filme aufgenommen, für die als Hintergrund angeschlagene, aber immer noch ehrwürdige Pracht benötigt wurde.

Adresse Henrietta Street, Dublin 1, www.pipers.ie (für die Nummern 15 und 16, Na Piobairi Uilleann, »Irische Dudelsackpfeifer-Gesellschaft«), www.dublintenementexperience.com (für die Nummer 14, Museum Dublin Tenement Experience) | **ÖPNV** Buslinien 1, 11, 16, 46a | **Öffnungszeiten** Nummer 12 nach Verabredung bei Kunst- und Kulturveranstaltungen (Tel. +353 (0)1/8734964) | **Tipp** Klopfen Sie am Haus Nummer 12 an der Tür, eventuell macht jemand auf und führt Sie herum.

41 Das Hinterzimmer

Das Allerheiligste der Dubliner Literaten

Am literarischen Erbe der Palace Bar ist nicht zu zweifeln. Beim Betreten des Lokals wird man von vier Messingtafeln mit jeweils dem Namen eines Dubliner Schriftstellers begrüßt. Durchquert man den kleinen vorderen Raum, gelangt man in ein noch kleineres Hinterzimmer. Dort erblickt man eine gerahmte Zeichnung an der Wand, auf der zwei der Schriftsteller, deren Namen auf den Messingtafeln stehen, und noch einige andere abgebildet sind.

Die Zeichnung des Neuseeländers Alan Reeve zeigt eine typische Nacht im Jahr 1940, als hier eine Versammlung von Dublins Literaten stattfand, darunter der Satiriker Flann O'Brien und der Dichter Patrick Kavanagh. Den Mittelpunkt bildet Bertie Smyllie, der manchmal ihr Förderer und Auftraggeber und später Herausgeber der »Irish Times« war.

Smyllie war einer der berühmten Dubliner Exzentriker während der Kriegszeit. Der rundliche Mann erregte Aufmerksamkeit, wenn er, die Schreibmaschine an der Lenkstange befestigt, durch die Stadt radelte. Zu seinen Marotten gehörte, dass er seine Leitartikel wie ein Opernsänger vor sich hin schmetterte. Und einmal feilte er seinen rosaroten Fingernagel zu einer Federspitze, um Dokumente damit zu unterzeichnen.

Er und seine Kollegen teilten ihre Arbeitszeit in zwei Schichten auf und verbrachten die Stunden dazwischen im Pub. Gegen Mitternacht kehrten sie dann ins Büro zurück, wobei sie häufiger zur Aufmunterung etwas Trinkbares unter dem Arm mitschleppten.

Wie die vier auf Messing verewigten Herren bezeugen können, war auch in späteren Jahrzehnten unmäßiges Trinken ein Merkmal der Literaten. Doch das hatte seinen Preis. Zumindest drei der vier Männer auf den Tafeln – O'Brien, Kavanagh und Brendan Behan – starben allzu früh an den Folgen ihrer Exzesse. Lediglich der vierte, ein viel geliebter Zeitungskolumnist namens Con Houlihan, erreichte ein hohes Alter.

Adresse The Palace Bar, 21 Fleet Street, Temple Bar, Dublin 2, Tel. +353 (0)1/6717388, www.thepalacebardublin.com | ÖPNV alle Buslinien ins Zentrum; DART zur Tara Street, dann fünf Minuten zu Fuß | Öffnungszeiten Mo–Do 10.30–23.30 Uhr, Fr und Sa 10.30–0.30 Uhr, So 10.30–23 Uhr Uhr | Tipp Will man Whiskey und Journalismus miteinander verbinden, muss man die speziell für den Pub hergestellte Marke »Fourth Estate« bestellen.

42 The »Home« Memorial

Ein Denkmal für Drogenopfer

Eine Skulptur mit einer traurigen Geschichte befindet sich mitten auf einer Kreuzung zwischen Buckingham Street und Sean MacDermott Street in der nördlichen Innenstadt. Sie wird schlicht »Home« genannt und zeigt eine vergoldete Bronzefackel, die in einem türartigen Rahmen aus Kalkstein steht. Damit verbunden ist eine Geschichte von Verlust und Schmerz.

Vor der Errichtung des Denkmals hatten es die Anwohner übernommen, an dieser Stelle jedes Jahr einen Weihnachtsbaum aufzustellen, geschmückt mit einem Silberstern für jeden jungen Menschen, der an den Folgen von Rauschgift gestorben war. Im Jahr 2000 hingen 124 Sterne an dem Baum. Auch wenn dies ein bewegendes Gedenken war, war es doch nur vorübergehend, und die Familien der Opfer waren enttäuscht, wenn es wieder verschwand. Also wurde beschlossen, hier mit öffentlichen Mitteln ein dauerhaftes Denkmal zu errichten. Obwohl bei der Planung des Projekts Künstler eingeschaltet waren, verlief der Auswahlvorgang ungewöhnlich demokratisch. Der Siegerentwurf wurde nicht von Kunstexperten ausgewählt, sondern von Menschen, die selbst drogensüchtig waren.

Bevor der Künstler Leo Higgins die Bronze für die Skulptur goss, wurden die betroffenen Familien dazu eingeladen, ihm Erinnerungsstücke an die geliebten Menschen zu bringen, damit diese dem geschmolzenen Metall hinzugefügt würden. Dies erinnert an die alte Tradition des Gießens von Kirchenglocken, als Gemeindemitglieder Erinnerungsstücke brachten, die dem Guss beigefügt wurden, damit das Glockengeläut eine persönliche Resonanz hätte. Bei der Skulptur warfen die Familien Medaillen zur heiligen Kommunion, Spielsachen und Fotos ihrer Kinder in die Flammen.

Das Denkmal wurde dann ganz bewusst an einer sehr auffälligen Stelle errichtet, als ein Signal an die lokalen Drogendealer und an jene Behörden, die allzu lange den Rauschgiftkonsum toleriert hatten.

Adresse Kreuzung Buckingham Street und Sean McDermont Street, Dublin 1, Tel. +353 (0)1/8556735, www.firestation.ie | **ÖPNV** alle Buslinien zur O'Connell Street oder DART zur Connolly Station, dann fünf Minuten zu Fuß | **Tipp** In der Nähe der Skulptur steht an der Killarney Street das efeuberankte Aldborough House. Es wurde in den 1790er Jahren erbaut und war einst eines der vornehmsten Wohnhäuser in Dublin. Heute steht es leer und ist baufällig.

43 The House of the Dead

Kulisse für die berühmteste Dinner-Party in der Literatur

Trotz der schaurigen Bezeichnung »House of the Dead« – auch bekannt als Nummer 15 Usher's Island – ist dies mehr eine Reverenz an das Leben als an den Tod. Auch diese Dubliner Adresse steht in Zusammenhang mit James Joyce. Zwei seiner Tanten betrieben hier eine Musikschule und gaben jedes Jahr am 6. Januar, am Dreikönigsfest, ein verspätetes Weihnachtsessen für ihre Studenten und Freunde. Joyce diente dies als Kulisse für seine Kurzgeschichte »Die Toten«, in der er sowohl an die Essen seiner Tanten als auch an die traditionelle irische Gastfreundschaft erinnerte.

Die Gäste in der Erzählung essen, trinken, singen und spielen Klavier. Der Titel »Die Toten« erklärt sich dadurch, dass verstorbene Freunde die Unterhaltung und Musik beherrschen, insbesondere das Lied »The Lass of Aughrim«, das für den Protagonisten eine persönliche Offenbarung bereithält sowie das elegische Ende der Erzählung beherrscht. 1987 verfilmte der Hollywood-Regisseur John Huston die Erzählung. In einem Studio in Los Angeles wurde dafür das Innere des Hauses Nummer 15 originalgetreu nachgebildet.

Usher's Island ist heute im Übrigen keine Insel mehr, sondern zieht sich an den Liffey-Kais entlang. Gern wird die Anekdote von einem ehemaligen Dubliner Korrespondenten eines britischen Medienunternehmens erzählt, der in seiner Spesenabrechnung eine Hin- und Rückfahrt mit der Fähre nach Usher's Island abrechnete, die ihm riesigen Spaß gemacht habe.

Das alte Haus wurde vor ein paar Jahren von dem Anwalt und Joyce-Anhänger Brendan Kilty vor dem Verfall bewahrt. Er ließ das »Dead Dinner« am 6. Januar sowie andere Events wiederaufleben. Manchmal finden hier auch Ausstellungen statt. Von einem dieser Events ist im Keller noch ein Sarg übrig geblieben. Doch genau wie in der Erzählung drehen sich die Dinge in Haus Nummer 15 um das Leben, das Essen, das Trinken und die Musik.

Adresse 15 Usher's Island, Dublin 2, Tel. +353 (0)86/0548880, www.jamesjoycehouse.ie | **ÖPNV** Buslinien 25, 25a, 25b, 66, 66a, 90, 145 oder »Luas Red Line« zum Museum, dann fünf Minuten zu Fuß | **Öffnungszeiten** nach Vereinbarung | **Tipp** Um auf die Verbindung zu James Joyce hinzuweisen, ist die Brücke gegenüber der Nummer 15, gebaut von Santiago Calatrava, so gestaltet, dass sie ein aufgeschlagenes Buch andeutet.

44 Der hungrige Baum

Die Rache der Natur an juristischen Bibliotheken

Beim »Hungry Tree« (Hungrigen Baum) in Dublin handelt es sich um eine Londoner Platane, ein eher gewöhnlicher Baum und ohne irgendwelche Hinweise auf Dubliner oder sonstige Berühmtheiten. Sie ist mit ihren 120 Jahren auch nicht besonders alt. Das Einzige, was diesen Baum von anderen unterscheidet, ist die Tatsache, dass er seit Langem allmählich eine Bank verschlingt.

Die schmiedeeiserne Bank ist älter als sie. Sie stammt aus den Anfangsjahren des 19. Jahrhunderts. Wie es aussieht, wird der Baum sie überdauern. Die Bank, die von ihm verschlungen wird, ist ein beliebtes Fotomotiv. Sofern man es wagt, kann man immer noch auf ihr sitzen.

Vielleicht kann man in diesem »Hungrigen Baum« eine bedeutungsvolle Metapher sehen, da er sich auf dem Gelände des King's Inns, Irlands Juristenfakultät, befindet, deren ehrwürdige Mitglieder »auf der Bank« enden, also Richter werden.

Das King's Inns wurde 1541 unter Heinrich VIII. ins Leben gerufen und ist somit älter als das Trinity College. Der Bau des heutigen College begann um 1800 unter der Leitung des großen Architekten der georgianischen Zeit James Grandon, wurde aber von einem seiner Schüler beendet. Zu den berühmten College-Abgängern gehören Edward Carson, der im Rahmen der »Home Rule«-Auseinandersetzung die Ulster-unionistische Opposition vertrat, sowie Padraig Pearse, der Anführer des Aufstands von 1916, der eine völlige Loslösung von England anstrebte. Auch Mary Robinson, die ehemalige irische Präsidentin, studierte dort.

Diese Persönlichkeiten profitierten ebenso wie die Studenten von King's Inns von der hervorragenden Bibliothek der Schule, die 1832 eingerichtet worden war. Heute enthält sie mehr als 110.000 Bände. Und das mag eine der möglichen Erklärungen für das ungewöhnliche Verhalten des »Hungry Tree« sein: ein kleiner Racheakt für seine vielen Kameraden, die dem unersättlichen Bedarf an Rechtsliteratur geopfert wurden.

Adresse King's Inns, Constitution Hill, Dublin 7, Tel. +353 (0)1/8744840, www.kingsinns.ie | **ÖPNV** Buslinien 4, 19, 19a, 83, 140 | **Öffnungszeiten** täglich 7–19.30 Uhr | **Tipp** Weitere denkmalgeschützte Bäume in Irland, siehe www.treecouncil.ie.

45 Der Icon Walk

Die rückwärtigen Gassen von Temple Bar sollen für die Kunst genutzt werden

Abseits der Hauptstraße des stark von Touristen besuchten Temple Bar gibt es eine Reihe von Wegen und Gassen, die immer noch ein gut gehütetes Geheimnis darstellen. Es handelt sich um den Servicebereich auf der Rückseite der Geschäfte. Noch bis vor Kurzem waren diese Straßen schmutzig und manchmal sogar gefährlich, da sie lediglich bei Drogensüchtigen beliebt waren.

Dann beschloss ein Künstlerkollektiv, die Icon Factory, diese Ecken zu nutzen, und dekorierte die Mauern mit Drucken und Malereien. Das Motto lautete: irische Kultur-Ikonen – Menschen, die auf dem Gebiet der Musik, der Literatur oder des Sports Großes geleistet haben. In gewisser Weise war es auch eine Reaktion auf den Wirtschaftscrash, der die »Celtic Tiger«-Jahre beendete, in denen sich Irland innerhalb eines Jahrzehnts anscheinend aus der Armut zu atemberaubendem Reichtum entwickelt hatte.

Der »Icon Walk«, wie dieses Projekt genannt wurde, war eine Selbsthilfe-Initiative von Künstlern, die erkannten, »wir sind auf uns allein gestellt«. Und dabei wählten sie unter den talentierten Musikern, Schriftstellern und Sportlern »die unterschiedlichsten Elemente aus, die uns während der ›Great Delusion‹ (großer Irrtum) nie enttäuschten«. Die Straßenexponate bestehen zur Hälfte aus Bildern und zur Hälfte aus Biografien der Künstler und ihren Statements. Gelegentlich finden sich dazwischen auch Banalitäten wie der Metallzaun, der jetzt aussieht wie eine Palette von Malstiften.

Die lokalen Geschäfte boten Hilfe und Sponsoring an. Aber auch die Künstler leisten ihren Beitrag mit einer gemeinnützigen Stiftung, deren Erlöse die Arbeit finanzieren.

Schon bald stieg die Zahl der Fußgänger, die sich in die bisher unbekannten Gassen wagten. Und die Künstler behaupten, dass durchaus schon eine Verbesserung der Situation erreicht wurde, da die Kriminalitätsrate deutlich zurückgegangen sei.

Adresse Aston Place, Dublin 2, Tel. +353 (0)86/2024533, www.iconfactorydublin.ie | ÖPNV Buslinien 1, 16, 25, 46a, 67, 118 zur Westmoreland Street | Öffnungszeiten Laden: täglich 11–18 Uhr, Ausstellung: immer geöffnet | Tipp Weitere Straßenikonen in dieser Gegend sind auf den vier Literaturtafeln auf dem Gehweg vor der Palace Bar zu sehen (siehe Seite 90).

46 Der irische Camino

Ausgangspunkt für einen alten Pilgerweg

Der »Camino de Santiago« oder Jakobsweg ist einer der ältesten Pilgerwege der Welt. Er endet nach wie vor in Santiago de Compostela im Nordwesten von Spanien, an der vermutlichen Grabstätte des Apostels. Von jeher gab es viele unterschiedliche Ausgangspunkte in ganz Europa, und in Dublin beginnt er an der St James Catholic Church, wo zu lesen ist: »Der Weg beginnt hier«.

Seit mindestens 1220 starteten die Menschen von hier aus nach Spanien, wobei die Pilgerreisen ihren Höhepunkt wohl im Hochmittelalter erreichten, bevor sie von der Pest und der Reformation gebremst wurden. Auch heute kann man sich die St James Street durchaus als Teil des engen Weges vorstellen, auf dem reumütige Pilger nach Spanien wandern. Der Dubliner Camino führt jetzt durch eine Häuserschlucht, gebildet von den Gebäuden der Guinness-Brauerei. Deren berühmtes dunkles Bier ist indirekt Ursache für vieles, wofür die irischen Sünder büßen müssen.

Obwohl das alte St James' Gate, einst der westliche Zugang zur Stadt, nicht mehr existiert, gibt es ein modernes Tor an der Straßenseite. Aber aufgepasst, ihr Büßer: Es führt zur Brauerei und nicht nach Spanien. Das erklärt auch die vielen »Pilger«, die hier in die entgegengesetzte Richtung gehen, zum Guinness Storehouse, der meistbesuchten Attraktion der Stadt.

In dieser Gegend spürt man tatsächlich überall den Einfluss des Alkohols. Für Pilger von damals wäre es wohl eine ernüchternde Vorstellung, dass die beiden großen mittelalterlichen Kathedralen, an denen man auf dem Weg vorbeikommt, jetzt gewissermaßen Denkmäler des Alkohols geworden sind. Im 19. Jahrhundert finanzierte Benjamin Guinness die Instandsetzung von St Patrick, während die Restaurierung der Christ Church Cathedral von einem Whiskeybrauer subventioniert wurde. Die säkularisierte anglikanische St James Church ist inzwischen ebenfalls restauriert worden und dient nun als Brennerei.

Adresse Church of James the Great, St James' Street, Dublin 8, Tel. +353 (0)1/4531143, www.stjamesparish.ie | **ÖPNV** Buslinien 13, 40, 123 | **Öffnungszeiten** Camino Information Centre: Do–Sa 10.20–15.30 Uhr; Camino-Pässe in der Sakristei erhältlich Mo–Fr 9–12 Uhr | **Tipp** Informationen über den Camino und Pässe sind vom irischen Verein der Freunde von St James in der Baggot Street (Tel. +353 (0)85/7819088, www.caminosociety.ie) erhältlich.

47 Das irisch-jüdische Museum

Eine winzige Gemeinde hinterlässt eine große Spur

Einige jüdische Einwanderer, die in den Jahren vor dem Ersten Weltkrieg mit dem Schiff nach Dublin gekommen waren, dachten, sie seien in Amerika gelandet. Als sie den Irrtum bemerkten, war es zu spät. Also fuhren sie erneut mit dem Schiff den Kanal hoch nach Portobello, da immerhin etwa 5.000 Juden dort lebten.

Sie hätten es schlechter treffen können. Nur wenige erinnern sich daran, dass Daniel O'Connell, »the Liberator« (der Befreier), der 1829 die Katholikenemanzipation nach England und Irland gebracht hatte, dasselbe auch für die Juden versuchte. Heute ist Irland, nach Aussagen eines jüdischen Gemeindeoberhaupts, »das einzige Land in Europa, wo kein Jude wegen seiner Glaubenszugehörigkeit getötet wurde«.

Auch wenn die Reihenhäuser in Portobello winzig waren, wohnten in ihnen doch manchmal zwei Familien. Die jüdische Gemeinde florierte über mehrere Jahrzehnte und fügte sich in die Stadt ein, bis die jüngeren Generationen zu emigrieren begannen. Im 21. Jahrhundert gab es nur noch knapp 2.000 Juden. Doch ein Zeichen für ihren Erfolg war die Tatsache, dass in den 1990ern drei Juden Mitglieder des 166 starken Dáil (Unterhaus) waren.

Das winzige irisch-jüdische Museum ist in ein paar Reihenhäusern einschließlich einer ehemaligen Synagoge untergebracht. Obwohl die Gemeinde schrumpfte, versuchten die Museumsdirektoren durch die Eingliederung benachbarter Häuser das Museum zu vergrößern, was zu Streitereien führte. Die Ironie dabei war, dass die Kampagne gegen das Vorhaben teilweise von Umweltschützern ausging, die die alte Synagoge erhalten wollten.

Auf jeden Fall ist kein Ende der ausweglosen Situation abzusehen. Auch 2015 erhalten Besucher, die im Labyrinth von Portobellos Straßen das Museum suchen, noch ungewollt Hilfe durch Transparente an Häusern, auf denen gegen die Expansion protestiert wird.

Adresse Walworth Road, Portobello, Dublin 8, Tel. +353 (0)1/4531797, www.jewishmuseum.ie | **ÖPNV** Buslinien 16 oder 122 zur Harrington Street, »Luas Green Line« zur Harcourt Street, dann sieben Minuten zu Fuß | **Öffnungszeiten** Mai–Okt. So–Do 11–15.30 Uhr; Nov.–April So 10.30–14.30 Uhr. Nach Verabredung auch Besuche außerhalb der Öffnungszeiten. | **Tipp** An der Tür neben dem Museum erinnert eine Gedenktafel an den Hollywoodstar Barry Fitzgerald. Er gewann an der Seite von Bing Crosby 1944 einen Oscar für den Spielfilm »Der Weg zum Glück«.

48 Das Irish Whiskey Museum

Abfüllung in Flaschen

Vielleicht haben Sie schon bemerkt, dass gerade so etwas wie ein Goldrausch in Irland stattfindet, doch wie bei allen vergangenen geht es auch bei diesem nicht um die Suche nach dem Metall. In diesem Fall ist das Gold flüssig und bekannt als »Whiskey«. Die potenziellen Gewinnaussichten lassen es als verlockende Chance für jene erscheinen, die Geld und Geduld besitzen.

Vermutlich wurde der Whiskey in Irland erfunden (auch wenn die Schotten das gern für sich in Anspruch nehmen). So oder so war der irische Whiskey bis vor etwa einem Jahrhundert Marktführer und der Scotch das Stiefkind, bis schlechte Entscheidungen und Pech die ortsansässige Industrie auf eine lange Talfahrt schickten und die wirtschaftliche Lage des ganzen Landes verschlechterten. Aber jetzt, seit die weltweite Nachfrage so groß ist wie nie zuvor, ist Irland wieder im Spiel. Überall werden neue Whiskeybrennereien eröffnet, die sich auf historisches Know-how und Herkunft berufen. 2015 öffnete in einer Dubliner Gegend, die einst als »Golden Triangle« bekannt war, da sich hier drei große, längst stillgelegte Whiskeygesellschaften niedergelassen hatten, eine neue Brennerei ihre Pforten, und eine weitere ist geplant.

Die Entwicklung der Whiskeybranche ist das Thema des Irish Whiskey Museum, das 2015 eröffnet wurde. Unter den Exponaten befindet sich auch eine große Zahl alter Whiskeyflaschen. Und wichtig: Ein Führer zeigt den Weg zu einer Bar, wo die heutigen Erzeugnisse verkostet werden können.

Auf dem Weg dahin kann man weise Sprüche lesen wie Samuel Johnsons Wörterbuchdefinition (1755) von *Usqueba'ugh* (eine frühe Anglisierung von *uisce beatha* oder »Wasser des Lebens«): »… der irische Whiskey zeichnet sich besonders durch seinen angenehmen und milden Geschmack aus. Der aus den Highlands ist etwas kräftiger, und aufgrund einer Verballhornung heißt er in Schottland Whisky.«

Adresse 119 Grafton Street, Dublin 2, Tel. +353 (0)1/5250970, www.irishwhiskeymuseum.ie | ÖPNV alle Buslinien ins Stadtzentrum | Öffnungszeiten täglich 10.30 – 20 Uhr; Eintritt: Die »Standard«-Tour kostet für Erwachsene 15 Euro (13 Euro für Studenten, Rentner) inklusive drei Whiskey; die »VIP«-Tour 18 Euro/16 Euro inklusive einer Verkostung von altem Whiskey und einem Souvenir | Tipp Nach dem Besuch des Whiskeymuseums kann man den Besuch des 125 Jahre alten Fox's Tabakwarenladen nebenan anschließen.

49 Die Irish Yeast Company

Ein Geschäft ohne Expansionsgelüste

Die Irish Yeast Company ist einer der ältesten Läden im Stadtzentrum, und seine über viele Jahre unveränderte Präsenz in der College Street mutet leicht ironisch an. Während der Rest der Stadt im letzten Jahrhundert in die Höhe und in die Breite expandierte, hat sich der Hefeladen entschieden geweigert zu wachsen, vielmehr hielt er an seinen ursprünglichen bescheidenen Maßen fest.

Doch sein Warenangebot hat sich im Laufe der Zeit verändert. Trotz des Namens (yeast ist Hefe) wird hier nicht mehr so viel Hefegebäck verkauft. Der Hauptakzent des Geschäfts liegt jetzt auf dem Backzubehör: Tortenplatten, Backformen, Backbleche und dekorative Gegenstände. Und er rühmt sich, die größte Auswahl an Braut-und-Bräutigam-Figürchen zu bieten.

Die Irish Yeast Company, 1894 gegründet, lebt jedoch schon länger als jede Ehe. John Moreland, der Eigentümer, der über dem Laden zur Welt gekommen ist, arbeitete über 70 Jahre lang hinter der Verkaufstheke. Mit 16 hatte er seine Arbeit im Familienbetrieb begonnen. Über die Jahrzehnte hat sich das Umfeld radikal verändert, es gibt kaum mehr ein anderes Geschäft aus jener Zeit. Auch der Moreland-Laden wäre nicht mehr vorhanden, wenn der Eigentümer in den 1990ern Angebote von Bauunternehmern angenommen hätte. Aber er erklärte ihnen, dass er das Geld nicht brauche und kein Interesse daran habe umzuziehen. Heutzutage hat die Irish Yeast Company nur wenige Stunden am Tag geöffnet. Es ist unklar, was aus ihr werden wird, wenn Moreland einmal nicht mehr lebt, auch wenn die altmodische Ladenfront mit ihren zierlichen Wandpfeilern und dem Denkmalschild wohl erhalten bleiben wird.

Es ist nicht gerade die Art von Laden, wo man sich geruhsam umsehen kann, es sei denn, man ist Bäcker oder plant eine Hochzeit. Doch man sollte trotzdem reinschauen, wenn man vorbeikommt. Der ehrwürdige Eigentümer ist es gewohnt, neugierige Besucher zu empfangen.

Adresse 6 College Street, Dublin 2, Tel. +353 (0)1/6778575 | **ÖPNV** alle Buslinien ins Zentrum, DART zur Tara Street, dann fünf Minuten zu Fuß | **Öffnungszeiten** Mo, Mi und Fr 14–17 Uhr, Di und Do 10.30–13.30 Uhr | **Tipp** Halten Sie Ausschau nach der Long Stone Sculpture in der College Street, eine Nachbildung einer Territoriumsmarkierung aus der Wikingerzeit, die an dieser Stelle fast 1.000 Jahre stand, bis sie im 18. Jahrhundert gestohlen wurde.

50_Isolde's Tower & The Czech Inn

Wo das moderne und das alte Dublin aufeinandertreffen

Am westlichen Ende von Temple Bar bilden der Isolde's Tower und der »Czech Inn« ein seltsames Paar, aber ihr Nebeneinander entbehrt nicht eines gewissen Reizes. Der Turm, oder die wenigen Überreste davon, ist ein Überbleibsel der Stadtmauern aus dem 13. Jahrhundert. Der Pub hingegen ist eine moderne Einrichtung: Seinen Namen hat er daher, dass er sich auf tschechisches Bier spezialisiert hat.

Der Turm wurde nach einer irischen Prinzessin aus dem 6. Jahrhundert benannt: Sie war in unglücklicher Liebe zu dem aus Cornwall stammenden Ritter Tristan entbrannt. Diese Geschichte inspirierte nicht nur Shakespeare und Wagner. Im mittelalterlichen Dublin wurden die beiden wohl sehr verehrt, denn der Name findet sich auch im Vorort Chapelizod, der an der Liffey liegt. Der Turm befand sich jedoch viel weiter flussabwärts, an der nordöstlichen Ecke der Stadtmauern, und war als erste wichtige Verteidigungslinie gegen alle Feinde, die vom Meer her über die Liffey nach Dublin vordrangen, von besonderer Bedeutung.

Bei Ausgrabungen in den 1990ern für ein neues Gebäude in Temple Bar wurde sein Fundament entdeckt. Die Ruinen wurden integriert und der Öffentlichkeit hinter einem Metallgitter ständig zugänglich gemacht. Leider sieht das Gitter inzwischen bereits verrostet und schäbig aus, und zusätzlich stehen oft Abfalleimer herum. Aber ehrlich gesagt gibt es ohnehin nicht viel zu sehen. Wie es oft so ist bei unterirdischen Ruinen: Auch wenn sie von großer Bedeutung sind, wirken sie gewöhnlich nicht sehr aufregend.

Ja, das Fundament des Turms lohnt einen schnellen Blick. Aber danach täten Sie besser daran, eine Geschichte über die mittelalterliche Stadt zu lesen. Dafür bietet sich der danebenliegende Pub an, früher auch »Isolde's Tower« genannt, bis er für die freundlicheren Eindringlinge in die Stadt umbenannt wurde.

Adresse Exchange Street Lower, Dublin 2 | ÖPNV Buslinien 37, 39, 39a, 70, 83, »Luas Red Line« nach Jarvis, dann fünf Minuten zu Fuß | Tipp Um sich vorzustellen, wie Isolde's Tower ausgesehen hat, als er noch vollständig erhalten war, muss man den Record Tower nahe dem Dublin Castle besichtigen.

51 Die Iveagh Gardens

Mitten in Dublin, aber für die meisten ein Geheimnis

Alle Welt will St Stephen's Green sehen, die größte Grünanlage mitten in Dublin. Dabei befindet sich knapp drei Minuten davon entfernt ein weiterer großer Park, der kaum besucht wird. An manchen Tagen kann man ihn sogar ganz für sich allein haben.

Die Iveagh Gardens sind immer noch vielen Dublinern unbekannt, was zum Teil daran liegt, dass es keinen ersichtlichen Eingang gibt. Die Tore sind hinter den imposanten Gebäuden auf der Südseite von Stephen's Green versteckt. Die Haupteingänge befinden sich am Ende einer Sackgasse auf der Westseite der Harcourt Street und südlich der Hatch Street. Es gibt noch ein kleines Tor hinter der National Concert Hall, einem Gebäude, mit dem die Gärten einst eng verbunden waren.

Die Gärten verdanken ihre moderne Gestaltung der »Great Exhibition of 1865«, einer Art Weltausstellung. Zu den ungewöhnlichen Merkmalen zählt ein tief liegendes Graskarree, größer als ein Fußballplatz und ursprünglich für die Bogenschieß-Wettbewerbe der Ausstellung von 1865 entworfen. Dies soll Irlands einziger speziell fürs Bogenschießen angefertigter Garten sein. Aber es ist schon lange her, dass hier Pfeile abgeschossen wurden. Der Ort ist jetzt eher für Events wie ein jährliches mitten im Sommer stattfindendes Comedy-Festival geeignet, wenn statt Pfeilen geistvolle Worte durch die Luft fliegen.

Eine weitere Sehenswürdigkeit ist ein Wasserfall, der sich über 32 Felsstücke ergießt, welche die irischen Grafschaften darstellen. Man kann sich aber auch in einem Labyrinth verirren, vorausgesetzt, man ist nur etwa 65 Zentimeter groß, denn es ist eine Mini-Version des Irrgartens von Hampton Court in London.

Es gibt hier nur wenige interessante Statuen, aber dafür vor allem Grünflächen und Bäume. Dies entsprach ganz dem Wunsch von Rupert Guinness, dem letzten Privateigentümer, der die Parkanlage dem Staat als zusätzliche »grüne Lunge« für Dublin schenkte.

Adresse Clonmel Street, Dublin 2, Tel. +353 (0)1/4757816, www.iveaghgardens.ie | **ÖPNV** Buslinien 14, 15, 15a, 15b, 44, 46a, 61, 140; »Luas Green Line« zur Harcourt Street | **Öffnungszeiten** Dez. und Jan. Mo–Sa 8–15.30 Uhr, So 10–15.30 Uhr; Feb. und Nov. täglich 8–16 Uhr; März–Okt. täglich 8–18 Uhr | **Tipp** Halten Sie in dem Mini-Labyrinth Ausschau nach der Sonnenuhr mit den Messingtafeln. Sie geben an, wie man in den Monaten, in denen die Sonne weder »langsam« noch »schnell« ist, die Sonnenzeit in Uhrzeit umrechnet.

52 Der James-Joyce-Turm

Erbaut für den Krieg, eingenommen von der Literatur

Der Martello Tower in Sandycove war einer von etwa 50 Türmen, die während der Napoleonischen Kriege in Irland errichtet wurden. 26 von ihnen kann man allein entlang der Küste von Dublin sehen. Sie waren mit Kanonen bestückt und sollten eine erwartete französische Invasion verhindern. Als diese nicht erfolgte, wurden sie zu historischen Raritäten. Aber dank eines jung verstorbenen Einheimischen ist der Martello in Sandycove heutzutage eine der berühmtesten Adressen der Weltliteratur.

Im September 1904 wohnte James Joyce aufgrund einer Gefälligkeit seines Freundes Oliver St John Gogarty sechs Nächte lang in diesem Turm. Gogarty wurde später ein bekannter Arzt, Senator, Schriftsteller und Witzbold. Doch damals war er ein Medizinstudent mit dem vagen Bestreben, Irland zu »hellenisieren«. Joyce war sein unruhiger Verbündeter auf diesem Kreuzzug. Aber ein Zwischenfall, der Samuel Chevenix Trench betraf, einen weiteren Turmbewohner, beendete das Abenteuer jäh. Die Ironie daran: An einem Ort, wo sich die ursprünglich installierte Artillerie als überflüssig erwiesen hatte, ging es dann doch um Schüsse.

Trench, der wegen eines Alptraums hochschreckte, fing an, auf die Töpfe und Pfannen zu schießen, die über Joyce' Bett hingen, sodass sie auf ihn herunterfielen. Joyce, der mit seinem Hausgenossen schon vorher nicht gut zurechtgekommen war, sah darin ein Zeichen. Er brach am nächsten Morgen auf; kurz danach verließ er Irland und lebte fortan in Triest, Paris und schließlich in Zürich, wo er später starb.

»Ulysses«, sein berühmtestes Werk, wurde am 16. Juni 1904 an einem einzigen Tag in Dublin konzipiert, als er um seine künftige Frau warb. Doch es beginnt im Martello Tower nach dem Schieß-Vorfall. Trench tritt als »Haines« auf, und Gogarty wird zu Beginn des ersten Kapitels des Buches beschrieben mit »Gravitätisch kam der dicke Buck Mulligan …«.

Adresse James Joyce Tower und Museum, Sandycove Point, County Dublin, Tel. +353 (0)1/2809265, www.jamesjoycetower.com | ÖPNV DART zur Sandycove und Glasthule Station oder Buslinie 59 | Öffnungszeiten täglich 10–18 Uhr (10–16 Uhr im Winter) | Tipp Der James Joyce Tower steht direkt am »Forty Foot«-Badeplatz am Meer, der früher den Gentlemen vorbehalten war, aber heute für beide Geschlechter zugänglich ist.

53 Die Jeanie Johnston

Ein Hungersnot-Denkmal auf dem Wasser

Viele der Menschen, die während der Großen Hungersnot Irland verließen, taten dies in »coffin-ships« (Seelenverkäufer). Die Sterblichkeitsrate unter den Passagieren lag bei 30 Prozent. Doch die »Jeanie Johnston« war anders.

Sie lief 1847 vom Stapel und brachte auf 16 Überfahrten 2.500 Iren wohlbehalten und sicher nach Nordamerika. Sogar als sie 1855 sank, ging sie so langsam unter, dass die Passagiere Zeit hatten, die Takelage hinaufzuklettern und auf ihre Rettung zu warten.

Als in den 1990er Jahren beschlossen wurde, ein schwimmendes Denkmal zum Gedenken an die Hungersnot zu errichten, wurde die »Jeanie Johnston« als Modell gewählt, ein traditioneller Dreimaster, der lediglich mit modernen Marine-Sicherheitsstandards ergänzt wurde. Die Rekonstruktion diente auch als Friedensprojekt, in das junge Leute aus Nordirland und der Republik einbezogen wurden. Leider war die Finanzierung nicht so gut geplant wie das Schiff. Die neue »Jeanie Johnston« wurde ein Denkmal für eine frühere humanitäre Katastrophe, aber auch ein Symbol für ein aktuelles kleineres Desaster: Irlands Immobilien- und Banken-Crash in der ersten Dekade dieses Jahrhunderts.

Inzwischen hatte der Nachbau des Schiffs, der schon neun Jahre andauerte, das geplante Budget bei Weitem überschritten. Schließlich beliefen sich die – überwiegend mit Steuergeldern finanzierten – Kosten auf 14 statt der geplanten vier Millionen Euro. Noch schlimmer: Nachdem das Schiff mehrere erfolgreiche Fahrten hinter sich hatte und dann ein paar Jahre im Dock lag, wurde ihm die Seetüchtigkeit als neues staatliches Segelschulschiff abgesprochen.

Heutzutage dient es als schwimmendes Museum. Sein Unterhalt kostet mehr, als die Museumstickets einbringen. Es liegt auf der Liffey neben dem Irish Financial Services Centre, wo es als nützliche Warnung vor den Risiken mangelnden Überblicks dient, wenn es um große Summen geht.

Adresse Custom House Quay, Dublin 1, Tel. +353 (0)1/4730111, www.jeaniejohnston.ie | ÖPNV Buslinien 90 oder 151; »Luas Red Line« zum George's Dock, dann fünf Minuten zu Fuß | Öffnungszeiten täglich 10–16.30 Uhr halbstündlich Touren | Tipp An den Kais in der Nähe des Schiffs stehen die Skulpturen »Famine« von Rowan Gillespie und »The World Poverty Stone« von Stuart McGrath.

54 Die Kanäle Dublins

Royal und Grand – beide hübsch

Dublin ist die Stadt zweier Kanäle. Heutzutage dienen sie hauptsächlich als Kulisse und als inoffizielle Grenzen zwischen dem Stadtzentrum und den Vororten. Doch in der Zeit vor der Eisenbahn und vor ordentlichen Straßen wurden sie aus kommerziellen Gründen gebaut, um Dublin mit dem Shannon zu verbinden.

Der Grand Canal ist der ältere und bedeutendere. Er wurde 1804 fertiggestellt, zieht sich kurvenförmig entlang der Südhälfte der Stadt und verläuft dann 132 Kilometer geradeaus ins Binnenland. 1960 fuhr das letzte Frachtschiff mit Fässern voll Guinness-Bier auf dem Kanal.

Der Royal Canal, der jünger und länger ist, wurde 1817 fertiggestellt. Der neuere Wasserweg verlief in einer Rundschleife über 145 Kilometer um Dublins Norden. Aber er wurde nie richtig in Betrieb genommen, und innerhalb von 30 Jahren läuteten die Bahnlinien und Straßen, die gebaut wurden, die Totenglocke für den Kanal.

Ende des 20. Jahrhunderts war der Royal Canal kaum mehr befahrbar. Nun aber haben beide Kanäle wieder eine neue Funktion bekommen, wenn auch mehr für andere Aktivitäten. Die Treidelpfade, die einst die Domäne von Lastkähne ziehenden Pferden waren, werden heute von Wanderern und Radfahrern genutzt.

Der Grand Canal klärt auch einen Scherz auf, der Dublin-Besucher eventuell in Verwirrung stürzt. Ein Seitenarm des Kanals führte an der South Circular Road unter einer Brücke hindurch zur Guinness-Brauerei. Als die Brücke im 19. Jahrhundert erneuert wurde, nannten ein paar Witzbolde sie »Rialto«, obwohl sie rein funktional war und keineswegs romantische Vorstellungen aufkommen ließ wie die über den Canal Grande in Venedig.

Der Name setzte sich dennoch durch, und so entstand ein Vorort namens Rialto. Doch dann wurde dieser Wasserweg trockengelegt. So hat heute die Dubliner Rialtobrücke keinen Grand Canal mehr unter sich – sondern lediglich die Luas-Straßenbahnlinie.

Adresse Das Waterways Ireland Visitors Centre, in dem man sich über die Kanäle informieren kann, liegt am Grand Canal Quay, Dublin 2, Tel. +353 (0)1/6777510, www.waterwaysirelandvisitorcentre.org | ÖPNV DART zur Grand Canal Station; Buslinien 1, 2, 3, 56a, 77a | Öffnungszeiten Mi–So 10–18 Uhr, Mo–Do nur nach Verabredung | Tipp Das Visitor Centre bietet auch Wandertouren durch das angrenzende Gelände an (Mi–Sa 11.30 und 14.30 Uhr), wobei über die Geschichte der beiden Kanäle und das »Wettrennen zum Shannon« berichtet wird.

55 Kilmainham Gaol

Ein Gefängnis, das zum Schrein für die irische Unabhängigkeit wurde

Im Allgemeinen neigen Gefangene eher dazu, den Ort ihrer Einkerkerung zu zerstören, als ihn zu bewahren. Beim Kilmainham Gaol verhielt es sich anders. Als in den 1950er Jahren das damals bereits geschlossene Gefängnis, »Irland's Bastille« genannt, von der Zerstörung bedroht war, heckten ehemalige Insassen sowie einige historisch interessierte Personen einen Rettungsplan aus.

Dafür mussten sie zunächst heftige Kämpfe mit der Bürokratie ausfechten. Nachdem das geschafft war, restaurierten sie das Gefängnis eigenhändig und übergaben es dem Staat als Museum. Heutzutage ist es ein Schrein für jene, die für die irische Unabhängigkeit kämpften, vor allem die Anführer des Aufstands von 1916, die im »Stone-breaker's Yard« erschossen wurden.

Die lang anhaltende Unentschlossenheit, was aus dem Gefängnis werden sollte, war auch darauf zurückzuführen, dass Irlands Unabhängigkeitskrieg im Bürgerkrieg endete. Die letzten Gefangenen waren Iren, die von ihren Landsleuten eingesperrt und oftmals sogar von ihnen hingerichtet worden waren. Die Folge war tiefe Verbitterung. Aber als das Gefängnis zu einem Museum umgestaltet wurde, beschloss man, gemeinsam nach vorn zu blicken und Einigkeit zu zeigen.

Ein indirektes Ergebnis der hierherströmenden Touristenmassen ist das Hilton Hotel, das sinnigerweise ausgerechnet gegenüber dem Gefängnis thront. Das 1796 gebaute Gefängnis steht mit seinen wenig luxuriösen Räumen nicht mehr als Unterkunft zur Verfügung.

Charles Stewart Parnell, der damalige Vorsitzende der Irish Nationalist Party, war 1881 und 1882 unfreiwilliger Gast im Gefängnis. Er genoss allerdings eine gewisse Bequemlichkeit mit einem Sessel und offenem Feuer, als er über die Bedingungen seiner Freilassung verhandelte. Die meisten der früheren Insassen hatten es weniger komfortabel, mussten sich oft zu fünft eine kleine Zelle teilen und hatten lediglich eine Kerze, die ihnen Licht oder Wärme spendete.

Adresse Inchicore Road, Kilmainham, Dublin 8, Tel. +353 (0)1/4535984, www.heritageireland.ie | **ÖPNV** Buslinien 13, 40, 69, 79 | **Tipp** Die von Edwin Lutyens entworfenen War Memorial Gardens (siehe Seite 222) an der Islandbrigde sind vom Kilmainham Gaol zu Fuß in nur zehn Minuten zu erreichen.

56_Die Königskapelle

Chronik einer Revolutionsvorhersage

Jahrhundertelang war Dublin Castle Sitz der britischen Herrschaft in Irland, die nie stabiler zu sein schien als 1814. Umso erstaunlicher ist, dass die königliche Kapelle des Schlosses, die in jenem Jahr vollendet wurde, mit frappierender Genauigkeit die Unabhängigkeit Irlands vorausgesagt haben soll.

Unter den vielen üppigen Details in der neugotischen Kapelle fallen die Wappen der Personen auf, die als Lord Lieutenant – offizieller Vertreter des englischen Monarchen in Irland – dienten. Die lange Reihe beginnt mit Norman Hugh de Lacy (1172) und reicht über Oliver Cromwell (1649) bis zu Charles Whitworth, der ein Jahr vor der Einweihung der Kapelle ernannt worden war.

Danach wurden bei jeder neuen Amtsübernahme eines Lord Lieutenant neue Wappen hinzugefügt. Die älteren waren an der Holzvertäfelung der Kapelle angebracht, die späteren an den bunten Glasfenstern. Aber zu Beginn des 20. Jahrhunderts wurde offensichtlich, dass der Platz für die Wappen knapp wurde. Als Edmund Talbot, der Viscount FitzAlan, 1921 ernannt wurde, nahm sein Familienwappen den letzten freien Platz ein.

Der Irische Unabhängigkeitskrieg wütete jetzt bereits seit drei Jahren, und die Entsendung FitzAlans – seit Jahrhunderten der erste Katholik – war ein Versuch der Beschwichtigung, was jedoch nicht funktionierte. In einem anglo-irischen Friedensvertrag desselben Jahres wurde ein Freistaat errichtet und FitzAlans Position abgeschafft, sodass sich das Problem, wohin mit dem Wappen seines Nachfolgers, von selbst erledigte.

Die Chapel Royal ersetzte eine frühere Kapelle, die laut einer weiteren Vorhersage mit Bauproblemen konfrontiert war und für die weiche Erde hier, wo der Fluss Poddle unterirdisch verläuft, zu schwer gewesen war. Die imposante Stabilität des neuen Gebäudes ist also eine Illusion, denn die Steinpfeiler sind in Wahrheit Stuckarbeit auf Holzfassungen.

Adresse Lower Castle Yard, Dublin Castle, Dublin 2, Tel. +353 (0)1/6458813, www.dublincastle.ie | **ÖPNV** Buslinien 13, 27, 40, 49, 54a und 747 Airlink zur Dame Street; oder 9, 14, 15, 15a, 15b, 16, 65, 65b und 83 zur South Great George's Street | **Öffnungszeiten** Mo–Sa 10–16.45 Uhr, So 12–16.45 Uhr | **Tipp** Besuchen Sie die 100 gemeißelten Steinköpfe an den Außenseiten des Kirchenbaus, darunter Abbildungen von Jonathan Swift, Brian Boru und dem heiligen Patrick.

57__Das Kreuz für Cavendish und Burke

Eine düstere Episode in Dublins größtem Park

Das Phoenix-Denkmal in der Mitte des knapp einen Hektar großen Phoenix Parks ist nicht unbedingt sehenswert. Da es aber von 1747 stammt, hat es zumindest ein gewisses Alter aufzuweisen und bildet den Mittelpunkt des Phoenix Parks. Außerdem dient es als Anhaltspunkt, um die Stelle zu finden, an der sich der berüchtigtste Vorfall in der 300 Jahre alten Geschichte des Parks abspielte.

An einem Frühlingsabend des Jahres 1882, ungefähr 500 Meter südlich des Denkmals, wurden Lord Frederick Cavendish, der vom britischen Parlament neu ernannte Chief Secretary für Irland, sowie Thomas Henry Burke, sein Untersekretär, von einer Bande messerschwingender Mörder überfallen. Cavendish war erst wenige Stunden zuvor in Irland eingetroffen und auf dem Weg zur Chief Secretary Lodge (heute Wohnsitz des amerikanischen Botschafters), wo er in Begleitung des Iren Burke erwartet wurde. Dieser war bei den irischen Nationalisten verhasst, und der Mordanschlag galt eigentlich ihm. Vermutlich erkannten die Täter Cavendish nicht und töteten ihn lediglich deshalb, weil er seinen Begleiter verteidigte.

Die Mörder gehörten zu einer neuen Gruppe militanter Nationalisten, den »Invincibles«, deren Taten in England Entsetzen auslösten. James Carey, einer ihrer Anführer, trat später als Kronzeuge auf, was zur Folge hatte, dass fünf der Beteiligten gehängt wurden. Carey sollte mit neuer Identität ein neues Leben in Australien beginnen. Doch auf der ersten Etappe seiner Reise nach Südafrika wurde er von einem Mitreisenden erkannt und erschossen. Einer der Hauptakteure, der Fluchtfahrer James »Skin the Goat« Harris, kam mit einer Gefängnisstrafe davon. Achtzehn Jahre später wurde er in James Joyce' Werk »Ulysses« erwähnt. Im Phoenix Park erinnert lediglich ein kleines, mit Kieselsteinen gefülltes Kreuz, das gegenüber von Áras an Úachtaráin in den Boden eingelassen wurde, an die ruchlosen Morde.

Adresse Chesterfield Road, Phoenix Park, Dublin 8, Tel. +353 (0)1/82058000, www.phoenixpark.ie | **ÖPNV** Buslinien zur Parkgate Street, darunter 25, 25a, 25b, 26, 66, 66a, 66b, 67 und 69; oder »Luas Green Line« zur Heuston Station, dann fünf Minuten zum Parkeingang. Das Cavendish and Burke Cross ist von den Parkeingängen aus nach 20 Minuten zu erreichen, links des Hauptwegs. Das Phoenix-Denkmal erreicht man nach weiteren fünf Minuten zu Fuß | **Öffnungszeiten** Der Park ist immer geöffnet | **Tipp** Der vollständige Bericht über den Verlauf der Ereignisse vom Mai 1882 ist in Senan Molonys »The Phoenix Park Murders: Conspiracy, Betrayal & Retribution« nachzulesen.

58 Lady Lavery

Eine Schönheit als Symbol für Irland

Es gibt eine lange Tradition in Irland, dass nationalistische Dichter und Dramatiker Irland als Frau darstellen – gewöhnlich als eine leidende Frau: manchmal jung und schön, manchmal alt und traurig. Die Namen variieren zwischen Dark Rosaleen, Róisín Dubh oder Cathleen ni Houlihan.

Als in den 1920er Jahren das neue unabhängige Irland endlich seine eigenen Banknoten druckte, wurde beschlossen, diese weibliche Personifizierung der Seele Irlands auch hier abzubilden. Also prangte in den nächsten 50 Jahren auf den Banknoten das Porträt einer zarten Schönheit mit rotem Haar und großen seelenvollen Augen.

Die Ironie dabei war, dass als Modell für das »irische Ideal« die in Chicago geborene Hazel Lavery, Tochter eines reichen Industriellen und Dame der besseren Gesellschaft, ausgesucht wurde. Als sie auf den Banknoten erschien, war sie bereits zur Lady avanciert und lebte in einem Herrenhaus in London.

Sie kam deshalb zu ihrer Rolle in der irischen Bankgeschichte, weil Sir John Lavery, ihr zweiter Mann und ein Künstler aus Belfast, für den Bildentwurf beauftragt wurde und dafür seine Frau und Muse porträtierte. Er malte sie häufiger als Monet seine Heuhaufen. Besonders erwähnenswert ist sein Porträt »The Artist's Studio«, ein großes Gemälde seiner Frau, das in der National Gallery of Ireland ausgestellt ist.

Es ergab sich also von selbst, dass er ein Porträt von Hazel anfertigte, das, wie es der irische Politiker W. T. Cosgrave scherzhaft bezeichnete, »jeder Ire auf dem Herzen trug«. Apropos Herz: Sie soll angeblich mit zwei von Cosgraves Kollegen im Unabhängigkeitskampf liiert gewesen sein, doch das ist nur ein Gerücht …

Lady Lavery prangte bis in die späten 1970er Jahre auf den Banknoten. Dann wurde sie durch eine Reihe historischer und kultureller Persönlichkeiten ersetzt. Doch sie blieb als Wasserzeichen erhalten und verschwand erst 2002 mit der Einführung des Euro.

Adresse The National Gallery, Clare Street, Dublin 2, Tel. +353 (0)1/6615133, www.nationalgallery.ie | **ÖPNV** Buslinien 4, 7, 8 oder DART zur Pearse Station, dann fünf Minuten zu Fuß | **Öffnungszeiten** Mo–Do und Sa 9.15–17.30 Uhr, Do 9.15–20.30 Uhr, So 11–17.30 Uhr, Eintritt frei | **Tipp** Laverys Porträtbild, das die Vorlage für die Banknote bildet, ist Eigentum der Zentralbank, wurde aber an die National Gallery ausgeliehen. Ein weiteres Gemälde befindet sich in der Hugh Lane Gallery am Parnell Square.

59_Das Leinster House

Treffpunkt kämpfender und diskutierender Iren

Betritt man die Lobby des Leinster House, Sitz des irischen Parlaments, fällt der Blick als Erstes auf zwei Porträts, die in der Lobby einander gegenüberhängen. Auf dem einen ist Michael Collins, Anführer im Unabhängigkeitskrieg und Finanzminister der damaligen Untergrundregierung, abgebildet. Auf dem anderen Cathal Brugha, ebenfalls ein Revolutionär und Verteidigungsminister im selben Kabinett. Einst Verbündete im Kampf gegen die britische Herrschaft, wurden sie Feinde, als sich die Republikaner wegen eines Friedensvertrags spalteten, bei dessen Aushandlung Collins mitwirkte. In dem darauf folgenden Bürgerkrieg starb Brugha, der gegen den Vertrag war, in einem Kugelhagel im Juli 1922. Einen Monat später wurde auch Collins ermordet, womit sich dessen Vorhersage erfüllte.

Der Grundstein des Gebäudes, das 1747 für den Duke of Leinster errichtet wurde, trägt eine lateinische Inschrift, auf der der Architekt geradezu visionär künftige Besucher der Ruinen seines Werkes bittet, darüber nachzudenken, »wie zerbrechlich alles ist, da auch die Erinnerungen an solche Männer das Unglück nicht überdauern können«.

Die moderne Rolle des Leinster House als Sitz des irischen Parlaments hat dazu beigetragen, dieses düstere Szenario zu verdrängen, auch wenn ein früherer Abgeordneter es als einen melancholischen Ort, der »nicht gerade zu Geistesblitzen inspiriert«, bezeichnete.

Andererseits soll es aber sogar den Bau des Weißen Hauses in Washington beeinflusst haben. Präsident John F. Kennedy hinterließ 1963 bei seinem Besuch ein Andenken, das den dramatischen Kontrast zwischen der militärischen Vergangenheit und der Gegenwart als Parlamentsgebäude aufzeigt. Es handelt sich um eine Flagge der berühmten Irischen Brigade der US Army, die »Fighting 69th«, die am Amerikanischen Bürgerkrieg teilnahm. Die Flagge ist noch heute im Leinster House zu sehen.

Adresse Kildare Street, Dublin 2, Tel. +353 (0)1/16183271, www.oireachtas.ie | **ÖPNV** Buslinien 7b, 7d, 11, 15a, 15b, 39a, 145 oder »Luas Green Line« nach St Stephen's Green, dann zehn Minuten zu Fuß | **Öffnungszeiten** Es gibt nur zwei Möglichkeiten, ins Leinster House zu gelangen: auf Einladung des örtlichen Abgeordneten oder Senators oder, geeigneter für ausländische Besucher, durch Teilnahme an einer der »walk-up«-Touren, die Mo und Fr um 10.30 und 14.30 Uhr stattfinden. E-Mail-Reservierung auf event.desk@oireachtas.ie. Ausweis mitbringen, 15 Minuten früher kommen, keine großen Tragetaschen mitnehmen. | **Tipp** Beachten Sie die Verkehrsampel an der Zufahrt zur Dáil's Kildare Street: ein von Politikern häufig benutzter Übergang, wenn diese zum Leinster House gehen, um ihre Stimme abzugeben, und eine der wenigen Ampeln in Dublin, deren Fußgängertaste jedes Mal sofort anspringt.

60 Das letzte Abendmahl

Die irische Version eines italienischen Klassikers

Auch wenn es in dem sogenannten italienischen Viertel großformatig in einem Innenhof prangt, würde Dublins Version des »letzten Abendmahls« schwerlich mit dem berühmteren in Mailand verwechselt werden.

Es entstand 2004 auf dem Höhepunkt des »Celtic Tiger«-Booms, der Zeit des großen wirtschaftlichen Aufschwungs und Wohlstands in der Stadt. Um von da Vincis Meisterwerk eine moderne irische Version zu schaffen, wählte der Künstler John Byrne eine bunte Mischung aus Menschen von der Straße. Ungefähr 150 wurden angesprochen und nach dem sogenannten Casting 13 genommen – darunter drei Frauen. Sie alle hatten einen unterschiedlichen gesellschaftlichen, beruflichen und ethnischen Hintergrund. Die Jesus-Rolle wurde von einem indischen Sikh-Philosophiestudenten übernommen. Bartholomäus dagegen war ein irischer Tattookünstler.

Auch der Hintergrund des Bildes ist nicht einheitlich. Das Hauptbild (Siebdruck auf Glasemaille auf neun Stahlplatten) wurde in der St Michael's and St John's Church aufgenommen. Aber auch die baufällige Kirche St Luke's in the Coombe ist abgebildet.

Wie Jesus und die Apostel ist auch das Abendmahl nach irischem Geschmack arrangiert. Auf dem Tisch stehen neben Wein und Obst irisches Sodabrot und eine Teekanne. Über einem Stuhl hängt ein Trikot von Juventus Turin, eine Reverenz an den Baulöwen des Italienischen Viertels, den Juventus-Fan Mick Wallace.

Seit der Enthüllung des Wandgemäldes hat Irland noch weitere dramatische Veränderungen erlebt. Nach der Bankenkrise von 2008 musste auch Wallace einige Finanzprobleme bewältigen. In den nachfolgenden politischen Turbulenzen errang er einen Sitz im Dáil (Unterhaus). Nach anfänglichen Meinungsverschiedenheiten gehört »Das letzte Abendmahl« heute zu den beliebten Kunstwerken der Stadt. Und an sonnigen Tagen bietet es die Kulisse zu einem Abendmahl im Freien im italienischen Stil.

Adresse Bloom Lane, Dublin 1 | ÖPNV »Luas Red Line« nach Jarvis | Öffnungszeiten immer geöffnet | Tipp Mehr über die Straßenkunst erfährt man, wenn man in der Francis Street das Parkhaus des Tivoli-Theaters aufsucht: Es gilt als »Dublin Graffiti Hall of Fame«.

61 Liberties

Das pulsierende Herz von Dublin

Der Teil Dublins, der als »Liberties« bekannt ist, umfasst mehrere stark besuchte Plätze der Stadt, einschließlich Christ Church Cathedral, St Patrick's Cathedral und das Guinness Storehouse. Dieser farbenprächtige Bereich, in dem das Leben pulsiert, lohnt eine Erkundung zu Fuß.

Historisch gesehen waren die Liberties einst eine Reihe autonomer Grundbesitzer jenseits der Stadtmauern. Heutzutage werden mit Liberties die engen Straßen östlich von St Patrick's und südlich der Guinness Brewery bezeichnet, mit einer verschwommenen Grenze irgendwo im Norden der South Circular Road.

Jahrhundertelang hatten sich hier Weber niedergelassen, ursprünglich Hugenotten, die aus Frankreich geflüchtet waren. Sie bauten die »Dutch Billy«-Häuser, deren Stil Dublin bis zur Übernahme der georgianischen Architektur dominierte. Ihr florierendes Gewerbe wurde jedoch aufgrund protektionistischer englischer Gesetzesmaßnahmen immer mehr eingeschränkt. Heute findet sich die Erinnerung an sie nur noch in den Namen von Plätzen wie Weavers Square wieder.

Im 19. Jahrhundert waren die Liberties von Übervölkerung und Armut bedroht, was fremde Reiseschriftsteller schockierte. 1803 rief hier ein junger Anwalt namens Robert Emmet in der Thomas Street zu einer erfolglosen Rebellion auf. Er wurde am Ort seines Verbrechens, außerhalb der St Catherine's Church, gehängt und enthauptet. Eine Tafel dort erinnert an dieses Ereignis.

Die Liberties schließen die Meath Street mit ein, wo es von Straßenverkäufern wimmelt, sowie die Francis Street mit ihren Antiquitätenhändlern. Immer mehr an Bedeutung gewinnt der Newmarket Square, der nach einer langen Talfahrt jetzt mit einer neuen Brennerei und mehreren Märkten einen Aufschwung erlebt.

In den Liberties werden sogar noch einige Arbeitspferde gehalten. Doch heutzutage scheinen diese eher Touristen zu befördern als Kohleladungen.

Adresse Ein Plan dieser Gegend ist abrufbar unter www.libertiesdublin.ie, Tel. +353 (0)1/2225180 | **ÖPNV** Buslinien 13, 49, 123, 150, 151 | **Öffnungszeiten** Dublin Food Co-op (www.dublinfood.coop) am Newmarket Square: Do–So. The Green Door Market (thegreendoor.ie): Do–Sa. The Dublin Flea Market am Newmarket Square: jeden letzten Sonntag im Monat | **Tipp** Ende 2015 kündigte der Stadtrat Pläne für einen neuen Park in den Liberties an, den ersten seit 100 Jahren, Baubeginn ist 2016.

62 Das Little Museum of Dublin

Eine Stadt im Spiegel vieler Details

Unter den weniger bekannten Exponaten im Little Museum of Dublin befindet sich die erste Ausgabe der vergessenen irischen Illustrierten »Nouveau« (1999), die heute als warnendes Beispiel für künftige Generationen dient. Sie richtete sich ungeniert an die Neureichen, von denen es dank des »Celtic Tiger«-Wirtschaftsbooms ungewöhnlich viele gab. Die Illustrierte gab diesen Reichen, die nicht wussten, wohin mit ihrem Geld, gute Ratschläge: Artikel über Kunstinvestitionen, Offshore-Konten, Harley-Davidson-Motorräder und »Nobel-Skiorte«.

Der Herausgeber war sich seines Erfolgs sicher. In einer vollmundigen Einführung erklärte er, eine derartige Zeitschrift neu auf den Markt zu bringen, sei bestenfalls ein »minimales« Risiko. Er täuschte sich gewaltig. Es gab keine zweite Ausgabe, was vermuten lässt, dass Irland, auch wenn es damals noch so verschwenderisch war, nicht völlig den Kontakt zur Realität verloren hatte.

Der folgende Crash war einer der schlimmsten in der europäischen Geschichte. Aber ein Lichtblick waren die sinkenden Immobilienpreise, wofür das Little Museum (2011 errichtet) als Beweis dienen kann. Auch wenn es klein ist, füllt es drei Stockwerke eines hübschen Hauses am St Stephen's Green, einen Steinwurf von den himmelhohen Mietshäusern der Grafton Street entfernt. Zur Zeit des Wirtschaftsbooms wäre ein Kauf unbezahlbar gewesen.

Die Exponate konzentrieren sich auf das Stadtleben ab 1900, eine Zeit großer politischer und wirtschaftlicher Veränderungen, und das tun sie mehr in Form eines bunten kleinen Durcheinanders als in großen Darstellungen. Dazu gehören auch das *»editors's office«*, das den Schreibtisch von Bertie Smyllie zeigt, dem berühmten exzentrischen Herausgeber der »Irish Times«. Außerdem das Alfie-Bryne-Zimmer, das einem ungewöhnlich beliebten Politiker gewidmet ist, der zehn Mal zum Bürgermeister von Dublin gewählt wurde.

Adresse 15 St Stephen's Green, Dublin 2, Tel. +353 (0)1/6611000, www.littlemuseum.ie | **ÖPNV** Buslinien 7b, 7d, 11, 25a, 25b, 38a, 38b, 39; »Luas Green Line« nach St Stephen's Green | **Öffnungszeiten** täglich 9.30–17 Uhr, Do bis 20 Uhr; Eintritt: 4,50–7 Euro; Do 18–20 Uhr frei | **Tipp** Man kann das Museum auf eigene Faust besichtigen. Um die Bedeutung der Ausstellungsstücke zu verstehen, ist eine Führung sehr zu empfehlen, vor allem wenn man kein Dubliner ist. Im Untergeschoss befindet sich die Bar »Hatch & Sons Irish Kitchen«.

63 Das Marino-Häuschen

Ein architektonisches Mini-Meisterwerk

Auch wenn der Name anderes vermuten lässt, ist das Marino Casino kein Platz für Glücksspiele. Das Gebäude ist gewissermaßen ein Denkmal für einen Mann, der Geld wie Heu besaß und den Überblick darüber verlor. In den 1750er Jahren steckte er so viel Geld in das Gebäude – bis zu 40.000 Pfund –, dass dabei fast das Vermögen seiner Familie draufging.

Das Casino (auf Italienisch: kleines Haus) gilt als Meisterwerk seines Genres: Architektur um der Architektur willen. Und anders als die meisten architektonischen Verrücktheiten jener Zeit war die Schönheit des Gebäudes nicht ohne Nutzen.

Von außen sieht es aus, als bestehe es nur aus einem einzigen Raum, dabei hat es 16 Räume, auf drei Stockwerke verteilt. Die riesige Eingangstür und die großen Fenster sind sorgfältig konstruierte Fälschungen, die die Dienstbotenquartiere, ein pomphaftes Schlafzimmer und einen Raum für kleinere Feste kaschierten.

Vom verschnörkelten Deckenverputz bis zu den Parkettböden mit den seltensten Holzarten der Welt finden sich hier viele exquisite Einzelheiten. Manchmal wurden Form und Funktion genial vereint, wie bei den ausgehöhlten Säulen, die als Fallrohre fungieren.

Der Auftraggeber James Caulfield alias Earl of Charlemont brütete die Idee während einer neunjährigen »Grand Tour« durch Italien und Griechenland aus. Da er alles Italienische liebte, taufte er sein Anwesen mit Meerblick »Marino«, ein Name, den heute auch der dortige Vorort trägt. Leider baute ein boshafter Konkurrent direkt gegenüber ein Terrassenhaus namens Marino Crescent.

Die Nachfahren des Earl schätzten es keineswegs, dass er so viel Geld in das Casino gesteckt hatte. Als ein Kardinal es 1878 erwarb, um darin eine Schule einzurichten, war es bereits sehr heruntergewirtschaftet. 40 Jahre später übernahm die Regierung das Marino Casino und renovierte es, sodass es der Nachwelt erhalten bleibt.

Adresse Cherrymount Crescent, neben der Malahide Road, Marino, Dublin 3, Tel. +353 (0)1/8331618 | ÖPNV Buslinien 14, 27, 27a, 27b, 42, 43, 128 | Öffnungszeiten Juni–Sept. täglich 10–18 Uhr, Mai, Okt. täglich 10–17 Uhr, letzter Eintritt 45 Minuten vor Schließung, Eintritt: 2–4 Euro | Tipp Vom Casino aus läuft man in zehn Minuten zur Nummer 15, Marino Crescent, dem Geburtshaus des »Dracula«-Autors Bram Stoker. Es gibt allerdings keine Gedenktafel am Haus.

64 McNeill's Pub

Ohne Horn keine »Attacke der Leichten Brigade«

Die Attacke der Leichten Brigade (1854) ging als herausragendes Beispiel für Soldatentapferkeit und Offiziersinkompetenz in die Geschichte ein. Tennysons berühmtes Gedicht rühmt die Tapferkeit der Soldaten. Und die Inkompetenz der Führung wurde von einem französischen Marschall aufgegriffen, der sagte: »*C'est magnifique, mais ce n'est pas la guerre*« (Das ist großartig, aber der Krieg ist es nicht).

Die Historiker sind sich immer noch nicht einig, wer für die wirren Befehle, 673 britische Kavalleristen während des Krimkriegs in einen Frontalangriff gegen die russische Artillerie zu schicken, verantwortlich war. Aber zwischen Befehl und Angriff musste auf jeden Fall ein Hornsignal ertönen.

In Irland ist es auch heute nur wenigen bekannt, dass jenes Horn und der Trompeter aus Dublin stammten. Auch ist umstritten, ob William Brittain je zum Angriff geblasen hat oder ob die Kavallerie voreilig lospreschte, nachdem er die Signale »gehen«, »traben« und »galoppieren« geblasen hatte. Leider konnte er nicht mehr zur Klärung beitragen, da er zu den 118 britischen Soldaten gehört, die bei der Attacke umkamen.

Das Horn, das er in der Hand hielt, als er fiel, wurde durchbohrt, als ein russischer Reiter versuchte, es mit der Lanze aufzugabeln. Es wurde später gefunden und mit den überlebenden Kriegsversehrten in die Heimat gebracht. Heute befindet es sich in einem Museum in England.

Das Horn wurde von John McNeill, einem Dubliner Instrumentenhersteller, gefertigt, dessen Name auch auf dem Instrument steht. Das Familienunternehmen befand sich viele Jahre in der Capel Street 140. Nachdem der Laden schließen musste, wurde er später als Pub unter gleichem Namen (aber neuem Besitzer) wiedereröffnet. Heute gibt es nur noch den Pub, wo regelmäßig Musikveranstaltungen stattfinden, vor allem mit irischer Volksmusik. Doch nur selten hört man dabei ein Horn.

Adresse 140 Capel Street, Dublin 1, Tel. +353 (0)1/8747679, Facebook: McNeill's Pub Sessions, Capel Street | **ÖPNV** »Luas Red Line« nach Jervis | **Öffnungszeiten** Mo–Do 10–21.30 Uhr, Fr und Sa 10–0.30 Uhr, So 12–23 Uhr | **Tipp** Die Teilnahme Irlands im Krimkrieg ist Teil einer Dauerausstellung »Soldiers and Chiefs« im National Museum, Collins Barracks.

65 Die Meath Street

Das gute alte Dublin vom Billigsten

Die Meath Street, der kommerzielle Mittelpunkt von Dublins altem Stadtteil Liberties, ist keineswegs von Touristen überlaufen. Obwohl täglich Schwärme von Touristen hierherströmen, steuern diese ausnahmslos die Guinness Brewery einen Block weiter an. Nur wenige verweilen unterwegs. Und doch bietet die Meath Street den Inbegriff einer Dubliner Marktplatz-Erfahrung: belebt, auffallend, bunt und zäh entschlossen, sich nicht für Postkarten herzugeben.

Die Vielfalt der Läden ist enorm. Es gibt Gemüsehändler, Bäcker, Fischläden und Metzger, die Teile von Tieren anbieten, wie man sie in vornehmeren Gegenden nicht bekommt: Rinderherzen, Hühnermägen sowie Füße, Schwänze und Zungen vom Schwein. Und es gibt jede Menge Friseure und Schönheitssalons. In dieser verarmten Gegend haben außerdem mindestens ein Wettbüro, ein Casino und mehrere Pubs eröffnet.

Aber hier findet man auch Wohltätigkeitsverbände, ein Gemeindezentrum und eine starke religiöse Präsenz. In der Nähe des New-Dandelion-Markts befindet sich die Guild of the Little Flower: eine Drogenberatungsstelle, benannt nach der heiligen Theresa (von Lisieux), wo die Armen Mahlzeiten und Unterstützung erhalten können. Einige Geschäfte führen noch die historische Vorsilbe »Liberty«. Das bedeutet aber nicht, dass hier irgendetwas kostenlos ist, es heißt lediglich preiswert. Selbst das »Little Flower«-Zentrum berechnete schon immer einen symbolischen Betrag für einen Imbiss (»Penny-Dinner«), wenn die Leute es bezahlen können, um ihm das Stigma Almosen zu nehmen.

Die Meath Street, an der der »Celtic Tiger«-Boom vorbeiging, litt jedoch an den Folgen des nachfolgenden Crashs. Sogar die großen deutschen Discounter, vor allem Lidl, verlieren hier jetzt Kunden. Viele Läden mussten schließen. Aber die Gegend hat schon Schlimmeres überstanden. Sie ist bemerkenswert zäh, ein Abschwung ist hier noch nicht der Untergang.

Adresse Meath Street, Dublin 8 | ÖPNV Buslinien 13, 40, 51, 72, 121, 123; »Luas Green Line« nach St Stephen's Green oder »Luas Red Line« nach Four Courts, dann jeweils zehn Minuten zu Fuß | Tipp Die ermäßigten Stoffe und Modewaren im Liberty Market (nur Do – Sa, ab 10 Uhr) sind kaum zu toppen. Und wenn Sie an Strickwaren interessiert sind, testen Sie besonders Larry Mooney's Wollbude.

66 Die Monkstown Church

Ein Gebäude, seiner Zeit voraus

Die Monkstown Anglican Church war die Lieblingskirche von Sir John Betjemen, dem englischen Poeten und Diplomaten, der den Zweiten Weltkrieg als britischer Presseattaché und Agent im neutralen Dublin verbrachte. Er schätzte sie mehr als alle anderen Kirchen. Doch seine Vorliebe für sie wurde nur von wenigen geteilt.

Die Monkstown Church, erbaut 1830, wurde von dem Architekten John Semple entworfen und war in Dublin besser bekannt als »Black Church«. Ungewollt erlangte sie bei Menschen mit lebhafter Phantasie Berühmtheit. Der Entwurf der Monkstown Church war seiner Zeit weit voraus, aber nach Ansicht einiger Kritiker im falschen Land verwirklicht. Sicherlich würde die »Portugiesische Gotik« der Architektur, die heutzutage durch eine hohe Palme an der Anfahrtsstraße hervorgehoben wird, in Goa oder Mosambik passender erscheinen.

Die Monktown Church muss nach ihrer Fertigstellung manch einen schockiert haben, und es gab harsche Kritik. Ein empfindlicher Kritiker des »Dublin Penny Journal« schrieb, ihr Anblick schmerze ihn. Noch nie habe er »eine größere Perversion von Urteilsvermögen und Geschmack« erlebt, erklärte er und fügte hinzu, dass es »in der Kirche keine Stelle gibt, auf der das Auge ohne Schmerz ruhen kann«. Das war 1834. Im Jahr 1857 meinte ein weiterer Kritiker, dass die Kirche für jeden, der die Prinzipien religiöser Architektur kenne, »unweigerlich abscheulich« erscheine. Und 1880, eine Generation später, wurde sie in der »Ecclesiastical Gazette« immer noch als »ungeeignet für einen Ort christlicher Andacht« beurteilt.

Erst 80 Jahre danach kehrte sich die Kritik, nicht zuletzt dank Betjemen, um. Der Poet bezeichnete die Kirche als »kühn, modern, geräumig und originell«. Er fügte hinzu: »Erst heute fängt man an, Semples Genius zu schätzen.« Das war 1958. Aber mehr als ein halbes Jahrhundert später ist diese Wertschätzung immer noch nicht Allgemeingut.

Adresse Monkstown Road, Monkstown Village, County Dublin, Tel. +353 (0)1/2147714, www.monkstownparishchurch.ie | **ÖPNV** Buslinien 7, 8, 75; DART zur Monkstown Station | **Öffnungszeiten** siehe Website mit den Gottesdiensten | **Tipp** Von der Kirche aus sind es zu Fuß 300 Meter zur Carrickbrennan Road. Dort kann man die malerischen Ruinen des Monkstown Castle aus dem 15. Jahrhundert besichtigen.

67_Das Monto

Wo Dublin das Rotlicht ausschaltete

Der Autor von »Ulysses« und »Finnegans Wake« lebte während seiner Jahre in Dublin ungefähr unter 20 Adressen, doch die heutige James Joyce Street gehörte nicht dazu. Der Name ist vielmehr ein indirekter Verweis auf den früheren schlechten Ruf dieser Gegend, die sich heute mit ihren modernen Bürogebäuden und Apartmentblocks ganz anders darstellt.

Zwischen 1850 und 1920 war dieser Teil der nördlichen Innenstadt Europas größtes Rotlichtviertel mit dem Spitznamen »Monto«, nach der Montgomery Street. 1868 waren hier 132 Bordelle mit 1.600 Prostituierten registriert, deren Freier aus allen Gesellschaftsschichten kamen. Der damalige Prince of Wales und künftige König Edward VII. soll dort seinen ersten Sex gehabt haben. Auch Joyce gehörte zu den Freiern.

Das Monto bildet die Kulisse zum längsten Kapitel des »Ulysses«. Das Kapitel endet damit, dass Stephen Dedalus (eine stark autobiografische Figur) unter Alkoholeinfluss in einen Streit mit einem britischen Soldaten gerät. Die große Militärpräsenz in Dublin, damals die zweitgrößte Stadt des Empire, war die tragende Säule der Existenz Montos.

Als die Iren 1921 ihre Unabhängigkeit erlangten und die britische Armee abzog, war Monto eines der ersten Ziele der katholischen Reformer. Unterstützt durch Razzien der Polizei gelang es ihnen, das Viertel zwischen 1923 und 1925 praktisch dichtzumachen. Der Abriss des Slums beendete die Angelegenheit. Heute findet man kaum noch Spuren aus jener Zeit.

Irlands moralischer Kreuzzug nach der Unabhängigkeit beschränkte sich nicht auf Bordelle. Auch Bücher und Filme unterlagen einer strengen Zensur. Als »Ulysses« 1922 veröffentlicht wurde, war das Buch sogar für England zu gewagt, und in den USA wurde es wegen Anstößigkeit strafrechtlich verfolgt. In Irland war es jedoch nie zensiert, wurde lediglich viele Jahre nicht verkauft.

Adresse Die Gegend von Monto ist begrenzt von der Talbot Street, der Amiens Street, der Gardiner Street und der Seán MacDermott Street. | **ÖPNV** mehrere Buslinien; »Luas Red Line« zur Connolly Station | **Tipp** Die volkstümliche Dubliner Ballade »Monto« bietet eine spritzige Zusammenfassung der früheren Bekanntheit des Gebiets. Die Sprache deutet darauf hin, dass die Texte um 1900, zur Blütezeit der Gegend, verfasst wurden. Das Lied wurde in den 1960ern von dem Musiker George »Hoddy« Hodnett, dem Jazzkritiker der »Irish Times«, geschrieben.

68 Die Moorleichen

Stumme Zeugen aus alter Zeit

Man benannte ihn, als er 2003 gefunden wurde, nach dem Zeitalter, in dem er gelebt hatte, *Old Croghan Man*. Als er vor über 2.000 Jahren starb, war er vermutlich erst Ende 20. Mit seinen 1,91 Metern Größe, wie man aus seinen Überresten schließen kann, muss er damals ein Prachtexemplar von Mann gewesen sein. Auch heute noch ist diese Größe beachtlich, aber im Bronzezeitalter Irlands war sie bestimmt noch erstaunlicher.

Perfekt manikürte Fingernägel und gepflegte Hände verraten seinen hohen sozialen Stand – vielleicht war er ein König oder ein Thronanwärter. Man vermutet, dass er zu Jahresbeginn gestorben war, weil er – mangels pflanzlicher Nahrung – ein Fleischgericht zu sich genommen ha. Doch sein Mageninhalt, der genau wie sein Torso im irischen Torfmoor konserviert wurde, zeigt, dass er zuletzt Weizenbrot mit Buttermilch gegessen hat.

Er starb gewaltsam durch einen Stich in die Brust, danach wurde er enthauptet. Als Gipfel der Grausamkeit wurden seine Brustwarzen abgeschnitten, was wohl seinen symbolischen Ausschluss von der Königswürde bedeutete. Im alten Irland bekundeten die Untertanen ihre Loyalität ihrem Herrscher gegenüber durch Saugen an den Brustwarzen, wie das Kind an der Mutterbrust. Auf jeden Fall war sein Tod wohl ein Ritualopfer, vielleicht als Strafe für eine schlechte Ernte, was damals den Königen angelastet wurde. Zwischen 362 und 175 v. Chr. wurde seine Leiche in der Nähe einer Territoriumsgrenze im Moor versenkt.

Heutzutage kann man noch weitere solcher Mumien im Irischen Nationalmuseum besichtigen. Darunter ist der »Cleycavan Man«, ebenfalls aus jener Zeit. Er behielt seinen Kopf und damit sein besonderes Merkmal: sein üppiges langes rotes Haar. Auch er stammte wohl aus der Oberschicht, denn er besitzt wunderbar gepflegtes Haar, das er vermutlich zum Teil dem teuren Gel, vermutlich aus Frankreich oder Spanien, verdankte.

Adresse The National Museum, Kildare Street, Dublin 2, Tel. +353 (0)1/6777444, www.museum.ie | ÖPNV mehrere Buslinien, darunter 4, 7, 15a, 15b, 46a und 145; DART zur Pearse Station, dann fünf Minuten zu Fuß; oder die »Luas Green Line« nach St Stephen's Green, dann fünf Minuten zu Fuß | Tipp Seamus Heaney, Nobelpreisträger für Literatur, beschrieb in »Bogland« die außerordentlich konservierenden Eigenschaften des Torfmoors in seiner Heimat. In »Tollund Man« berichtet er von der berühmtesten 1950 in Dänemark gefundenen Moorleiche.

69 Mulligans Pub

Wo Joyce auf den Journalismus stößt (und dieser gewinnt)

»Mulligans Pub« blickt auf eine lange Journalistentradition zurück, wobei eine Zeitung besonders herausragt: Viele Jahre war sie immer gut »getränkt« wegen der Bar in der Poolbeg Street.

Leider musste der Verlag in den 1990ern schließen. An den Wänden des Pubs hängt eine letzte Ausgabe der »Evening Press«, signiert von dem inzwischen verstorbenen Con Houlihan, einem sanften Riesen und einem der beliebtesten Kolumnisten von Dublin. Zu seiner Erinnerung hängt ein gerahmtes Foto an der Wand, das ihn mit seinem Lieblingsgetränk zeigt: Brandy mit Milch.

Doch Houlihan ist nicht der berühmteste Journalist des »Mulligans«. Dieser Titel steht vermutlich dem jungen amerikanischen Reporter zu, der 1947 hier auftauchte. Es war John F. Kennedy, der angeblich die Verbindung zwischen Pub und James Joyce untersuchen wollte. Diese existierte sehr wohl, auch wenn sie nicht so spektakulär war, wie es dem »Mulligans« wohl gefallen hätte. Auf dessen Website ist nämlich zu lesen, dass Joyce vermutlich hier an seinem »Ulysses« geschrieben habe.

Doch dies ist nicht nur unwahrscheinlich – er verließ 1912 Irland für immer und schrieb sein Meisterwerk zwischen 1914 und 1921 im Exil –, sondern lenkt zudem die Aufmerksamkeit auf eine verwirrende Tatsache: In einem Buch mit gründlichen Recherchen über die Dubliner Pubs dieser Zeit wurde festgestellt, dass das »Mulligans« im »Ulysses« gar nicht erwähnt wird.

Hingegen taucht der Pub in Joyce' Kurzgeschichte »Counterparts« auf, was ein eher zweifelhaftes Kompliment ist. In dieser düsteren Geschichte hat ein Mann Streit mit seinem Chef und versetzt dann seine Uhr, damit er sich betrinken kann. Als er nach Hause kommt, verprügelt er auch noch seinen Sohn.

Alles in allem dürfte sich das »Mulligans« heute mit den Journalisten auf sichererem Terrain bewegen. Aber eines ist doch unbestritten: Hier wird eines von Dublins besten Bieren serviert.

Adresse 8 Poolbeg Street, Dublin 2, Tel. +353 (0)1/6775582, www.mulligans.ie | **ÖPNV** DART zur Tara Street; Buslinien 68, 68a, 69 zum Burgh Quai | **Öffnungszeiten** Mo–Do 10–23.30 Uhr, Fr–Sa 10–12.30 Uhr, So 12.30–23 Uhr | **Tipp** Abgesehen vom »Mulligans« besteht das Hauptkennzeichen der Poolbeg Street darin, dass sie im Schatten von Hawkins House, dem Gesundheitsministerium, liegt. Dieses wird von vielen Dublinern als das hässlichste Gebäude der Stadt betrachtet.

70_Die Mumien der St Michan's Church

Handschlag mit der Geschichte

Besucher der St Michan's Church wurden vormals aufgefordert, einem der älteren Mitglieder der Kirchengemeinde, bekannt als »der Kreuzritter«, die Hand zu schütteln. Leider war er in Anbetracht seiner etwa 800 Jahre in gebrechlicher Verfassung. Als einer der Finger beschädigt war, hörte daher das Händeschütteln auf. Nun kann man nur noch seine Hand berühren, was aber Glück bringen soll.

Wie andere Gestalten der Krypta von St Michan's ist der »Kreuzritter« eine Mumie: Seine Gebeine sind mit einer dünnen Schicht ausgetrockneter Haut und mit dem Staub von Jahrhunderten überzogen. Die trockene Luft und die konstante Temperatur in der Krypta sorgen für die Erhaltung der Mumien, deren Särge zerfallen sind. Unter den Mumien befindet sich auch »der Dieb«. Er wird so genannt, weil ihm eine Hand abgeschlagen wurde. Doch wenn er wirklich ein Dieb war, muss er seine Taten wohl bereut haben, sonst hätte er keine so ehrenhafte Ruhestätte in dieser Kirche erhalten.

Vermutlich wurden alle Leichen in der Krypta mumifiziert. In den meisten anderen Gewölben sind die Särge noch unversehrt und die Leichen darin unberührt. Manchmal sind sie übereinandergestapelt. Nicht so die bedauernswerten Sheare-Brüder John und Henry, die in ihrem Grab Seite an Seite ruhen. Beeinflusst von der Französischen Revolution, waren sie in die Irische Rebellion von 1798 verwickelt. Nachdem sie in Gefangenschaft geraten waren, wurden sie zur Strafe zunächst fast gehängt, dann bei (noch) lebendigem Leibe ausgeweidet, enthauptet und gevierteilt. Neben ihrem Sarg befindet sich die Totenmaske des Rebellen Wolf Tone, der sich im Gefängnis das Leben nahm.

Die Krypta hat vermutlich einen jungen Dubliner, der sie Ende des 19. Jahrhunderts besuchte, inspiriert. Es handelt sich um Bram Stoker. Der Name seiner Hauptfigur Dracula soll eine Zusammenziehung der irischen Begriffe für *»bad blood«: droch-fhola* sein.

Adresse Church Street, Dublin 7, Tel. +353 (0)1/8724154, www.stmichans.com | **ÖPNV** Buslinie 83; »Luas Red Line« nach Four Courts oder Smithfield | **Öffnungszeiten** 16. März–1. Nov. Mo–Fr 10–12.45 Uhr und 14–16.45 Uhr, Sa 10–16 Uhr | **Tipp** Sehenswert sind in der Kirche die schönen Holzschnitzereien vor den Orgelpfeifen. Sie stammen aus dem Jahr 1724 und stellen 17 Instrumente dar.

71 Das Munitionsdepot

Eine 300 Jahre alte Ruine, die fast explodiert wäre

Als 1734 die Herrscher des verarmten Irlands beschlossen, eine Festung für die Lagerung von Waffen und Schießpulver zu errichten, war Dublins berühmter Satiriker Jonathan Swift unbeeindruckt. Er schrieb in Versform: »*Now here's a proof of Irish sense / Here Irish wit is seen / When nothing's left that's worth defence / We build a magazine*«. Das Fort wurde auf dem St Thomas' Hill im Phoenix Park gebaut, dem bisherigen Sitz der britischen Herrschaft in Irland und der Vizekönige, die nach Norden abzogen. Außerdem hatte hier ein noch älteres Haus gestanden, die Phoenix Lodge, die dem größten Stadtpark Europas ihren Namen gab, und zwar durch eine Verballhornung des irischen *fionn uisce* (klares Wasser).

Das Magazine Fort überlebte mehr als zwei Jahrhunderte. Doch während des Aufstands von 1916 hätte es fast ein spektakuläres Ende gefunden, als Rebellen versuchten, das Pulver in die Luft zu jagen, doch die Zündschnüre versagten.

Zwei Jahrzehnte später, kurz vor Weihnachten (1939), nutzte die paramilitärische IRA die gelockerten Sicherheitsvorkehrungen der Feiertage, um das Fort zu überfallen und 13 Lastwagenladungen Munition und Waffen zu rauben. Doch die Diebe wurden Opfer ihres eigenen Erfolgs. Die Logistik, das explosive Material zu verstecken, überforderte die kleine illegale Organisation, sodass die Munition schnell entdeckt wurde. Für das Fort gab es dennoch keine Verwendung mehr, und es wurde kurz darauf geschlossen.

Heutzutage ist das riesige, sternförmige Gebäude eine Ruine. Die Abhänge dienen jetzt hauptsächlich den Cross-Country-Läufern und Boot-Campern als Hindernisparcours, ähnlich wie die nahe gelegene Khyber Road. Anders als für diese gibt es für das alte Fort keine Verwendung mehr. Man kann immer noch auf einem ausgetretenen Pfad einen Rundgang entlang des Festungsgrabens machen. Von hier aus bieten sich schöne Ausblicke auf den Park und das Liffey-Tal.

Adresse Military Road, Phoenix Park, Dublin 8, Tel. +353 (0)1/8205800, www.phoenixpark.ie | **ÖPNV** Buslinien 25 und 26 zum Islandbridge Gate | **Öffnungszeiten** immer geöffnet, Eintritt frei | **Tipp** Vergleichen Sie das heutige Panorama der Stadt mit dem Gemälde »A View of Dublin from Chapelizod« von William Ashford, das 1797 hier in der Nähe gemalt wurde und in der National Gallery of Ireland zu sehen ist (Merrion Square W, Dublin 2).

72 Napoleons Zahnbürste

Ein Relikt von Bedeutung

Als Napoleon sein letztes Exil auf St. Helena aufsuchte, befand sich in seiner Begleitung der irische Zahnarzt Barry O'Meara. Ihm verdankt Dublin einen seiner eher exzentrischen Anziehungspunkte: eine kleine Sammlung napoleonischer Relikte, einschließlich einer Zahnbürste, zweier Schnupftabakdosen und einer Lanzette, mit der der kränkliche Kaiser zur Ader gelassen wurde. Der Schatz wird ergänzt durch ein winziges Stück von Napoleons Sarg, das zwischen die Geweihschaufeln eines Miniatur-Hirschkopfs geklemmt wurde, was etwas bizarr anmutet. Die Herkunft dieses Artefakts ist jedoch nicht eindeutig belegt: Das Royal College of Physicians, die Heimat dieser Schätze, bürgt nicht dafür.

O'Meara war Arzt in der britischen Marine, als er seinen berühmten Patienten an Bord der HMS Bellerophon kennenlernte, wo sich Napoleon nach der Niederlage von Waterloo den Briten ergab. In den nächsten drei Jahren auf St. Helena ließ O'Meara dem Franzosen nicht nur ärztliche Betreuung zukommen, sondern auch eine kultivierte Gesellschaft, was auf der Insel im Südatlantik ein Luxus war. Der Kaiser schlug ihm vor, er solle ein Tagebuch führen und es nach seinem Tod veröffentlichen, denn es würde ein Vermögen einbringen.

Seine beharrliche Behauptung, Bonaparte sei auf St. Helena schlecht behandelt worden, brachte O'Meara die Feindschaft des britischen Gouverneurs ein, was zu einer frühzeitigen Rückkehr und schließlich zur Entlassung aus der Marine und dem Verlust seiner Pension führte. In London ließ er sich als Zahnarzt nieder, wobei er Napoleons Empfehlungsschreiben in seiner Praxis ausstellte. Noch beeindruckender ist ein Weisheitszahn des Kaisers, den er gezogen hatte (leider gehört er nicht zur Dubliner Sammlung).

Als Napoleon 1821 starb, konnte der Arzt seine Tagebücher veröffentlichen. Wie der Kaiser vorhergesagt hatte, verhalfen sie ihm zu Reichtum und Ruhm.

Adresse Royal College of Physicians (RCPI), 6 Kildare Street, Dublin 2, www.rcpi.ie | **ÖPNV** Buslinien zur Kildare Street und Nassau Street; »Luas Green Line« nach St Stephen's, dann zehn Minuten zu Fuß | **Öffnungszeiten** Mo–Fr 9–17 Uhr | **Tipp** An der Fassade der Gebäude Nummer 2 und Nummer 3 neben dem RCPI sind ungewöhnliche Ziselierungen angebracht. Darunter befindet sich eine Gruppe Affen, die Billard spielen.

73 Das National Print Museum

Wo man Wert auf p und q legt

Irlands National Print Museum wurde treffenderweise in einer Kapelle untergebracht: der säkularisierten Garnisonskapelle der ehemaligen Beggars-Bush-Kasernen. Darin spiegelt sich eine jahrhundertealte Praxis wider, wonach die Drucker-Gewerkschaften in sogenannten Kapellen organisiert waren. Dies schlägt wiederum einen Bogen zu den ersten Verlagshäusern im 15. Jahrhundert, die in England und Irland aus Klöstern heraus entstanden.

Eines der kleineren Exponate des Museums, ein Lehrvertrag von 1935, lässt vermuten, dass die Buchdrucker bis in die Neuzeit etwas Mönchsartiges an sich hatten. Der Vertrag verpflichtete den jungen Mann zu sieben Jahren völligen Gehorsams gegenüber seinem Herrn, und zusätzlich dürfe er in dieser Zeit »weder Unzucht begehen noch eine Ehe schließen«. Er dürfe sich auch nicht »dem Karten- und Würfelspiel sowie sonstigen ungesetzlichen Spielen« widmen. Außerdem dürfe er keine »Tavernen, Bierstuben oder Schauspielhäuser besuchen«. Das Druckwesen war 1935 immer noch in voller Blüte und blieb es auch die nächsten 50 Jahre. Doch dann verdrängten die Computer dieses ehrenwerte Handwerk innerhalb einer Generation.

Das Museum bietet also eine Erinnerung an die vergangene Herrlichkeit. Seltsam erscheint jedoch, dass ein Berufsstand, der Wert auf Korrektheit legte und gern betonte »Achten Sie auf Ihr p und q«, Exponate darbietet, die wie Stümperei wirken. Es handelt sich dabei um 1.000 Originaldrucke der Oster-Proklamation von 1916, die von irisch-republikanischen Rebellen gedruckt wurden. Ihnen waren die Bleisatz-Buchstaben ausgegangen, und so mussten sie improvisieren, etwa mehrere Schrifttypen benutzen und ein großes F mit Siegellack in ein E verwandeln. Die Unvollkommenheiten spielten jedoch letztlich keine Rolle. Noch vorhandene Exemplare der Proklamation werden heute zu sechsstelligen Summen verkauft.

Adresse Beggars Bush Barracks, Haddington Road, Dublin 4, Tel. +353 (0)1/6603770, www.nationalprintmuseum.ie | ÖPNV Buslinien 4, 7; DART zur Landsdowne Road oder zum Grand Canal Dock, dann fünf Minuten zu Fuß | Öffnungszeiten Mo–Fr 9–17 Uhr, Sa und So 14–17 Uhr | Tipp Führungen kosten für Erwachsene 3,50 Euro, für Familien 7 Euro, jeden Sa ab 15 Uhr kostenlose Führungen.

74_Newman House

Ein Zusammenprall der Kulturen in St Stephen's Green

Ein sehr bekannter Bewohner von St Stephen's Green 86 war Richard Chapell Whaley, der 1769 starb. Er war Parlamentsmitglied und bekannt für seine Ablehnung der Religion im Allgemeinen und im Besonderen wegen seiner Neigung, katholische Gotteshäuser in Brand zu setzen, was ihm den Beinamen Richard »Burn-Chapel« Whaley einbrachte. Ironie der Geschichte: Ein Jahrhundert nach seinem Tod erwarb Kardinal John Henry Newman die Nummer 86 – und sie wurde die erste katholische Universität Irlands.

Doch Whaley wurde an Schändlichkeit noch von seinem Sohn Thomas »Buck« Whaley übertroffen, der ebenfalls Parlamentsmitglied wurde, dessen Hauptbeschäftigungen jedoch das Glücksspiel und Ausschweifungen waren. Er reiste einst nach Jerusalem, nur um eine Wette zu gewinnen. Und noch eine weitere Geschichte machte damals in Dublin die Runde: Wieder ging es um eine Wette, wobei »Buck« diesmal mit dem Pferd aus einem oberen Fenster der Nummer 86 gesprungen sein soll. Tatsächlich aber vollführte er laut seiner Memoiren diesen Stunt in der englischen Stadt York. Ein Kommentator sagte einmal, dass Whaley ein natürliches Talent dafür besessen habe, zu prahlen, wie es für die höheren Stände in Irland damals charakteristisch gewesen sei.

Dies steht in krassem Gegensatz zu einem späteren Bewohner der Nummer 86 – dem englischen Poeten und Priester Gerard Manley Hopkins. 1884 wurde er nach Dublin geschickt, um humanistische Studienfächer zu unterrichten. Er besaß ein sanftes Wesen, und ihm hätte die Stadt zur Zeit von Buck Whaley wohl wenig gefallen. Leider mochte er das Dublin der 1880er Jahre auch nicht. »Ich wurde herzlich willkommen geheißen und freundlich behandelt«, schrieb er nach Hause. »Aber Dublin selbst ist ein trostloser Ort … Ich hatte es mir ganz anders vorgestellt. Der Phoenix Park ist hübsch, aber leider viel zu weit entfernt. Und es gibt auch ein paar schöne Gebäude …«

Adresse 85–86 St Stephen's Green South, Dublin 2, Tel. +353 (0)1/7167422, www.ucd.ie | **ÖPNV** Alle Buslinien durch die City, »Luas Green Line« nach St Stephen's Green oder Harcourt Street | **Öffnungszeiten** Führungen im Newman House Juni, Juli und Aug. Di–Fr 14, 15, 16 Uhr | **Tipp** Besichtigung der University Church nebenan (innen byzantinischer Stil, einmalig in Dublin).

75 Die Oscar-Wilde-Skulptur

Farbenprächtiger Tribut, geologisches Rätsel

Wie es diesem farbenprächtigen Motiv geziemt, unterscheidet sich die Oscar-Wilde-Skulptur am Merrion Square von den anderen Statuen seiner Geburtsstadt.

Lässig ruht der Schriftsteller auf einem Felsbrocken, eine Hommage an einen Mann, der einst das Bonmot prägte: »Natürlich zu sein ist auch nur eine Pose«. Die ungewöhnlichen Farben dieser Statue stellen alle Bronze- und Marmorstatuen Dublins in den Schatten. Und es sind diese Farben, die gleichermaßen interessant für Geologen und Literaturliebhaber sind. Der Bildhauer Danny Osborne reiste rund um die Welt und brachte von allen Kontinenten die seltensten Steine mit zurück nach Dublin.

Das Grün von Wildes Hausjacke besteht aus Nephrit-Jade vom Yukon River in Kanada. Der Kragen und die Manschetten sind aus pinkfarbenem Thulit aus Norwegen. Die tweedähnliche Hose ist aus Larvikiten, einem bläulich schimmernden Edelstein, sowie Teilen durchscheinenden Feldspats gefertigt, aus der Gegend von Oslo. Die glänzend schwarzen Schuhe sind aus einem schwarzen Granit, dem Charnockit, den Osborne aus Indien mitbrachte.

Diese Materialien beeindruckten wegen Wildes bekannter Leidenschaft für schöne Steine, aber auch aus rein praktischen Gründen. Die Skulptur sollte nämlich ihre Farben auch im Freien und bei Feuchtigkeit – wie es in Irland unvermeidlich ist – bewahren. Unter solchen Umständen erwies sich nach Einschätzung des Künstlers Marmor als unbrauchbar, weshalb er seltene ultraharte Steine bevorzugte. Allerdings musste schon ein Jahrzehnt nach Errichtung der Statue auf dem Felsbrocken (35 Tonnen Quarz) der Kopf ersetzt werden: Osborne hatte diese Partie aus Keramik geformt, die bald Risse bekam.

Also begab er sich wieder auf Reisen. Dieses Mal nach Guatemala, wo er fündig wurde und einen weißen Jadestein heimtragen konnte. Dieser ist nicht nur besonders hart, sondern gilt in manchen Kulturen auch als Symbol für Unsterblichkeit.

Adresse gegenüber One Merrion Square, Dublin 2 (Wildes Geburtshaus), Tel. +353 (0)1/6612369, www.merrionsquare.ie | **ÖPNV** Buslinien 4, 7, 44, 66; DART nach Westland Row, dann fünf Minuten zu Fuß; »Luas Green Line« nach St Stephen's Green; »Luas Red Line« zum George's Dock, dann zehn Minuten zu Fuß | **Tipp** Merrion Square (Nummer 82) war Wohnsitz auch eines anderen berühmten irischen Schriftstellers und Zeitgenossen von Wilde, W. B. Yeats.

76 Die Phil-Lynott-Statue

Reverenz an einen Heavy-Metal-Rockstar

Von allen Dubliner Statuen wählen die meisten Touristen für ihre Selfies Molly Malone, die fiktive Fischhändlerin aus einem irischen Volkslied. Die coolere Alternative ist Phil Lynott, der tatsächlich gelebt hat. Seine Statue mit Gitarre steht jetzt vor seiner Lieblingsbar, dem »Bruxelles«.

Lynott war Dublins erster Rockstar. Er hatte eine irische Mutter und einen guayanischen Vater und wurde scherzhaft »Irlands erster Schwarzer« genannt. In dieser Stadt, in der er in den 1960ern und 1970ern aufwuchs, gab es nur wenige Menschen mit dunkler Haut und Afrofrisur. Er aber war einer von ihnen, sah darüber hinaus gut aus, beherrschte die Bassgitarre und schrieb Liedtexte, die seine Band Thin Lizzy von den üblichen Heavy-Metal-Bands abhob, obwohl sie es von der Lautstärke her sehr wohl mit allen aufnehmen konnte.

Trotz oder vielleicht gerade wegen seiner Abstammung war er ungeheuer stolz auf seine irische Staatsbürgerschaft. Thin Lizzys Durchbruch erfolgte mit der traditionellen irischen Ballade »Whiskey in the Jar«. Es folgten einige eher konventionelle Rockhits: »The Boys are Back in Town« und »Dancing in the Moonlight«.

Leider verfiel er, wie viele Rockstars jener Zeit, den Drogen, von denen er nicht mehr loskam, und starb 1986 mit Mitte 30. Doch in der Erinnerung lebt er weiter, was auch jedes Jahr an seinem Todestag deutlich wird. Andere Gitarristen haben Plektren in die Saiten der Statue gesteckt. Und selbst der obligatorisch sich reimende Spitzname der Skulptur ist eine Hommage an seine Beliebtheit.

Solche Namen sind hier im Allgemeinen eher rotzfrech. Molly Malone zum Beispiel ist *»the Tart with the Cart«* (die Zuckerpuppe mit dem Karren) und James Joyce *»the Prick with the Stick«* (der Nervbolzen mit dem Stock). Doch Lynott bleibt eine solche Kränkung erspart, seine Statue heißt *»the Ace with the Bass«* (der Überflieger mit der Bassgitarre).

Adresse Harry Street, Dublin 2 | **ÖPNV** alle Buslinien ins Zentrum; »Luas Green Line« nach St Stephen's Green | **Tipp** »McDaid's«, direkt gegenüber der Statue, ist eine von Dublins bekannten Literatenbars, in denen Brendan Behan, Patrick Kavanagh, Flann O'Brien und andere verkehrten.

77 Das Powerscourt Centre

Vom vornehmen Repräsentationshaus zum modischen Shopping Center

Es hört sich etwas würdelos an, das ehemalige Powerscourt als Shopping Center zu bezeichnen. Aber heute gibt es hier jede Menge Geschäfte und Cafés. Auch wenn dies nicht mit der Zeit zu vergleichen ist, als es ein vornehmes Haus im georgianischen Dublin war, ist es doch nicht wirklich zweckentfremdet.

Zu Anfang des 18. Jahrhunderts diente es Richard Wingfield alias Viscount Powerscourt und seiner Frau Amalia als Stadtresidenz. Ihr Landsitz war das prachtvolle Powerscourt Estate, heute ein Fünf-Sterne-Hotel in Enniskerry. Wenn das Parlament tagte, hielten sie sich im Stadthaus auf. Dieses Haus stand politischen Versammlungen offen, und der Gastgeber liebte es, mit prachtvollen Festen und bestem Essen seine Freunde zu beeindrucken. Bekannt als »Französischer Earl« wegen der Mode, die er nach seiner Grand Tour über den Kontinent einführte, sparte er nicht an Architektur und Ausstattung und schon gar nicht an Gastfreundschaft.

Könnte er sich heute umsehen, wäre er durchaus angetan. Das Powerscourt umfasst recht exklusive Geschäfte, meist Modeboutiquen, aber auch Antiquitäten, Kunsthandwerk und Schmuck. Dazu gibt es auch einige Restaurants. Das größte, das »Pygmalion«, befindet sich im Innenhof und in den ehemaligen Küchen (jetzt eine Bar) und hat an der angrenzenden Coppinger Row noch eine Lounge.

Das Powerscourt zeigt sich immer noch als ein sehr großes Haus, im Gegensatz zu den 1970ern, als es Büro- und Geschäftsräume beherbergte und der Innenhof ein Parkplatz war. Als denkmalgeschütztes Gebäude muss es für Führungen offen sein und ist es auch bis zu einem bestimmten Punkt. Aber Gruppenführungen können heikel sein, wenn etwa einer der größten Räume jetzt als Salon für Brautmoden dient. Die aktuelle Planung sieht vor, Einzelbesichtigungen zuzulassen, damit sich die Besucher sowohl mit der Geschichte befassen als auch die Geschäfte durchstöbern können.

Adresse 59 South William Street, Dublin 2, Tel. +353 (0)1/6794144, www.powerscourtcentre.ie | ÖPNV alle Buslinien ins Zentrum; »Luas Green Line« nach St Stephen's, dann fünf Minuten zu Fuß | Öffnungszeiten Mo–Fr 10–18 Uhr, Do 10–20 Uhr, Sa 9–18 Uhr; Führungen bei Shireen anmelden, Tel. +353 (0)86/8065505 oder shireen@gmail.com | Tipp Irische Kunstgegenstände, Designermode und Schmucksachen sind auf dem Loft Market zu finden. Dort arbeiten selbstständige Kunstgewerbler im obersten Stockwerk des Centers.

78 Die Promenade an der Liffey

Eine (meist) angenehme Zuflucht vor den verkehrsreichen Kais

Im Unterschied zu den sanfter abgeschrägten Ufern der Seine oder der Donau eignen sich die steilwandigen Ufer von Dublins Liffey nicht besonders fürs Bummeln. Die Uferstraßen sind meist vollgestopft mit Autos und Bussen, und die Fußwege, vor allem die in der Nähe der O'Connell Bridge im Stadtzentrum, sind erschreckend schmal und verlaufen direkt neben dem brausenden Verkehr. Eine Teillösung ist der Liffey Boardwalk, der anlässlich des Millenniumjahrs 2000 errichtet wurde. Er erstreckt sich jetzt ungefähr 500 Meter entlang der verkehrsreichsten Kais auf der Flussseite der Mauern.

Diese Entwicklung ist vor allem deshalb bemerkenswert, weil sie an der Nordseite stattfand. Der Fluss Liffey ist Dublins berühmteste gesellschaftliche Scheidewand, die die vermeintlich verarmten Nordbewohner von ihren betuchteren Nachbarn im Süden trennt (eine grobe Vereinfachung mit einem Körnchen Wahrheit, auf die aber beide Teile stolz sind). Doch die Nordseite besaß einen Trumpf, den sie im Wettstreit um die Uferpromenade ausspielen konnte: die Sonne. An milden Tagen kann der Fußweg zum Schlendern oder zum Sitzen einladen.

Leider hat sich jedoch seit den Tagen seiner Eröffnung eine unheilvolle Entwicklung abgezeichnet. Er wurde zum Treffpunkt einiger von Dublins zahlreichen Drogensüchtigen, vor allem östlich der O'Connell Bridge. Auch Alkoholabhängige finden sich hier gern ein, und die Bänke dienen oft als Nachtquartiere für Obdachlose.

Trotzdem ist der Boardwalk genauso sicher wie die meisten Teile der Stadt. Zudem kann man jederzeit von einer Seite zur anderen überwechseln. Die Promenade ist häufig unterbrochen, denn auf der kurzen Strecke gibt es sage und schreibe fünf Brücken, sodass auf beiden Seiten der Fußwege Ein- und Ausgänge angebracht wurden.

Adresse Die Liffey-Uferpromenade verläuft zwischen Grattan Bridge und Butt Bridge, Dublin 1 | **ÖPNV** mehrere Buslinien oder »Luas Red Line« zur Abbey oder Jervis Street | **Tipp** Von der Uferpromenade aus hat man den besten Blick auf den Liffey-Schwimmwettbewerb, der seit 1920 jährlich im September stattfindet.

79 Der Record Tower

Eine berühmte Flucht

Red Hugh O'Donnell, der Sohn eines irischen Clanführers, saß sieben Jahre als Gefangener im Dublin Castle in Geiselhaft. Sein Vater sollte auf diese Weise davon abgehalten werden, gegen die englische Herrschaft zu rebellieren. Nach einem Fluchtversuch wurde er im Record Tower, einem Hochsicherheitstrakt, eingekerkert. Der Turm hat 4,6 Meter dicke, unüberwindbare Mauern.

Doch im Januar 1592 unternahmen O'Donnell und zwei Mitgefangene vom O'Neill-Clan einen Fluchtversuch durch die »*garderobe*«: eine vornehme normannische Umschreibung für die Toilettenrinne. Die drei ließen sich in voller Kleidung an einem Seil in das »Gewässer« unter ihnen hinab und schafften es so, zumindest bildlich gesprochen, sauber aus dem Gefängnis zu entkommen.

Sie waren die einzigen Gefangenen, die je von dort entkamen. Aber noch waren sie nicht gerettet. Sie mussten erst das von England beherrschte Dublin und die Wicklow Mountains hinter sich bringen, und das mitten im Winter in leichter Kleidung. Einer der Männer starb vor Erschöpfung. Red Hugh hatte mehr Glück oder war zäher, ihm erfroren »nur« seine beiden großen Zehen.

Doch auch ohne diese erwies er sich als ein respekteinflößender Feind. Als Nachfolger seines Vaters, der zu seinen Gunsten abdankte, machte er während des neunjährigen Krieges gemeinsame Sache mit Hugh O'Neill. Fast wäre es ihnen gelungen, die englische Herrschaft zu stürzen. Aber schließlich wurde er 1601 bei Kinsale besiegt. O'Donnell musste nach Spanien fliehen, wo er, erst dreißig Jahre alt, vergiftet wurde.

Der 1224 errichtete Record Tower (auch »Black«-, »Gunners«- oder »Wardrobe«-Turm genannt) steht immer noch. Es ist der einzige erhaltene Turm an der alten Stadtmauer, in die er integriert war. In letzter Zeit war hier ein Garda(irische Polizei)-Museum untergebracht. Mitte 2015 wurde es für Besucher geschlossen, da es renoviert werden muss.

Adresse Lower Castle Yard, Dublin Castle, Dublin 2, Tel. +353 (0)1/6458813, www.dublincastle.ie | ÖPNV Buslinien 13, 27, 40, 49, 54a, Airlink 747 zur Dame Street; oder 9, 14, 15, 15a, 15b, 16, 65, 65b, 83, 140 zur St George's Street | Tipp Unweit des Record Tower, an der Dame Street, kann man in der City Hall eine Multimedia-Entdeckungsreise durch die Dubliner Geschichte (von den Wikingern bis in die Neuzeit) machen.

80 Die Reliquien des heiligen Valentin

Ein Heiligtum für junge Liebespaare

»Der Fluss der wahren Liebe floss nie sanft«, heißt es bei Shakespeare im »Sommernachtstraum«. Auch der Weg des Schutzheiligen der Liebenden, der ihn nach Dublin führte, ist kompliziert. Er war Römer. Vielleicht gab es auch zwei römische Heilige, deren Verehrung miteinander vermischt wurde. Gewöhnlich wird sein Märtyrertod (er wurde auf Befehl von Kaiser Claudius enthauptet) auf das Jahr 269 datiert.

In den 1830ern besuchte der Karmelitermönch John Spratt die Ewige Stadt. Seine Predigten beeindruckten die römisch-katholische Elite einschließlich Papst Gregor XVI., der auch von Spratts Wirken unter den Armen von Dublin erfahren hatte. Als man ihm mitteilte, dass der Mönch in Irland eine neue Kirche erbaut habe, machte er ihm ein namhaftes Geschenk: die Reliquien des heiligen Valentin (aber ohne den Kopf, der in Rom blieb). Diese wurden 1836 in einer feierlichen Zeremonie in einem Schrein aufgebahrt.

Auch mehrere andere Kirchen in Europa erheben den Anspruch, Reliquien des Heiligen zu besitzen. Doch der Vatikan bürgt für den Schrein in Dublin, der hier sehr verehrt wird, besonders am 14. Februar, wenn die jährliche Segnung der Ringe für Brautpaare erfolgt.

Rätselhaft ist, weshalb Valentin speziell der Patron der Liebenden wurde. Eine Legende will wissen, dass er junge Paare im Geheimen traute, wodurch der Bräutigam zum Ärger des Kaisers vom Militärdienst befreit wurde. Eine andere berichtet, dass er sich im Gefängnis geweigert habe, heidnischen Göttern Opfer zu bringen. Vielmehr habe er für die blinde Tochter des Gefängniswärters gebetet, worauf diese von ihrer Blindheit geheilt wurde.

In Dublin verehrt man ihn auch heute noch. Vor dem Schrein ist ein Buch ausgelegt, in das Besucher ihre Bitten an den Heiligen eintragen können, was auch von vielen wahrgenommen wird. Ein Beispiel: »Hilf meiner Schwester, einen guten Ehemann zu finden.«

Adresse 56 Aungier Street, Dublin 2, Tel. +353 (0)1/4758821, www.whitefriastreetchurch.ie | ÖPNV Buslinien16, 65, 65b, 122 zur Aungier Street; »Luas Green Line« nach St Stephen's Green, dann fünf Minuten zu Fuß | Öffnungszeiten Mo, Mi–Sa 7.30–18 Uhr, Do 7.30–21 Uhr, Sa 8.30–19 Uhr, So 7.30–19 Uhr | Tipp Besichtigen Sie auch den Schrein des weniger bekannten italienischen Heiligen Albert von Sizilien sowie dessen wundertätiges »St Albert's Wasser«.

81 Das Revenue Museum

Die lange, schmerzhafte Geschichte der Besteuerung

Eine Tafel im Revenue Museum zitiert den großen irischen Staatsmann Edmund Burke. Geldeintreiber könnten nicht erwarten, beliebt zu sein: »*To tax and to please, no more than to love and be wise, ist not given to men*« (Zu besteuern und gleichzeitig zu gefallen ist den Menschen genauso wenig gegeben wie zu lieben und zugleich weise zu sein).

Das Revenue Museum ist eines der kleineren Museen in Dublin: hinter einer schmalen Tür in der Krypta der Chapel Royal im Dublin Castle – und kaum zu glauben: Sein Eintritt ist frei!

Die Exponate erzählen davon, wie sich die Steuern im Laufe der Jahrhunderte aus willkürlich von den Königen geforderten Abgaben in Form von Vieh, Silber und manchmal auch Sklavinnen zu dem komplexeren System entwickelten, mit dem heutzutage Schulen und Krankenhäuser finanziert werden.

Es erinnert uns daran, dass die Einkommensteuer 1798 bei den Bürgern von England und Irland lediglich als vorübergehende Maßnahme eingeführt wurde, »um die teuren amerikanischen und französischen Kriege zu bestreiten, in die wir zurzeit verwickelt sind«. Sechzehn Jahre später, als Napoleon besiegt war, hielt die Regierung ihr Wort und schaffte die Steuer wieder ab. Aber die Idee war doch zu verlockend, um ganz zu verschwinden. Mitte des 19. Jahrhunderts wurde die Einkommensteuer wieder eingeführt – diesmal für immer.

Die Arbeit der Steuerbeamten drehte sich nicht nur ums Geldeintreiben. Sie sollten auch Schlupflöcher ausfindig machen und schließen, die vor allem nach der Einrichtung einer Grenze (1922) – ein Segen für Schmuggler auf beiden Seiten – entstanden waren.

Das Museum befasst sich auch mit der Arbeit der »Revenue Police«, die 1818 in die entlegeneren Gegenden Irlands geschickt wurde, wo die Destillation von *poitín* (ein selbst gemachter, steuerfreier Schnaps) gang und gäbe war und wo »sie nicht gerade begeistert empfangen wurde«.

Adresse Dublin Castle, Dublin 2, Tel. +353 (0)1/8635601, www.revenue.ie | **ÖPNV** Buslinien 13, 27, 40, 49, 54a, Airlink 747 zur Dame Street; oder 9, 14, 15, 15a, 15b, 16, 65, 65b, 83, 140 zur St George's Street | **Öffnungszeiten** Mo–Fr 10–16 Uhr, Eintritt frei | **Tipp** Haben Sie keine Scheu, dem Mann am Schalter eine Frage zu stellen. Er ist Geschichtsliebhaber und wird Ihnen gern das Museum zeigen.

82 Die Royal Irish Academy

Nicht nur für Gelehrte

Die Royal Irish Academy (RIA) ist fast ausschließlich Gelehrten vorbehalten: Nur wenige Touristen und Einheimische verirren sich hierher. Aber sie hat einen für jedermann zugänglichen Ausstellungsraum, der dauerhaft geöffnet ist. Und wenn man es schafft, den Mief von Lerneifer in der Bibliothek zu überwinden, lohnt sich ihr Besuch auf jeden Fall.

In der Bibliothek gibt es kleine Ausstellungen einschließlich eines Glaskastens, in dem sich mindestens ein Exponat aus den alten Buchschätzen der Akademie befindet. Wenn Sie Glück haben, wird gerade der »Cathach« aus dem 6. Jahrhundert gezeigt, Irlands ältestes Manuskript und der zweitälteste lateinische Psalter der Welt.

Der »Cathach« war der Grund sowohl für eine frühe gesetzliche Regelung des Copyrights als auch eines Krieges. Der heilige Columban hatte ein Original, das der heilige Finnian ihm geliehen hatte, ohne dessen Erlaubnis abgeschrieben.

In einem berühmten Urteil von 560 n. Chr. erklärte der Hochkönig von Irland: »Wie das Kalb zur Kuh, so gehört die Kopie zum Buch« (ein höchst passender Ausspruch, da die Bücher auf Pergament – Tierhaut – geschrieben waren). Er verlangte, dass beides dem heiligen Finnian zurückgegeben werde. Columban widersprach, und es entbrannte ein Krieg, bei dem 3.000 Männer umkamen.

Der »Cathach« wird wegen seines Alters und schlechten Zustands nur selten ausgestellt. Vermutlich müssen Sie sich mit der Sammlung mittelalterlicher Bücher begnügen. Abgesehen davon lohnt es sich, den hinteren Raum wegen der großartigen Möbel, der kunstvollen Gaslampen und der Harfe von Thomas Moore zu besichtigen.

Bemerkenswert sind auch einige Bänke, die nach der Verabschiedung des Act of Union (1800) zwischen Großbritannien und Irland aus dem alten Irish House of Lords geholt wurden. Einige Personen waren sowohl Mitglied des Parlaments als auch der Akademie. Als das Erstere nicht mehr existierte, nahmen sie ihre Sitze mit.

Adresse 19 Dawson Street, Dublin 2, Tel. +353 (0)1/6762346, www.ri.ie | ÖPNV Buslinien 44, 46a, 61, 145; »Luas Green Line« nach St Stephen's Green, dann fünf Minuten zu Fuß; DART zur Pearse Street, dann zehn Minuten zu Fuß | Öffnungszeiten Mo–Do 9.30–17.30 Uhr, Fr 9.30–17 Uhr | Tipp Die RIA liegt direkt neben der historischen St Anne's Church (Mo–Fr 10–16 Uhr).

83 Samuel Becketts Foxrock

Universale Charaktere, lokale Fußspuren

Samuel Becketts Geburtshaus in Foxrock kann nicht besichtigt werden, da es sich in Privatbesitz befindet. Es liegt verborgen hinter Grünflächen an der Ecke Brighton Road und Kerrymount Avenue. Immerhin kann man auf den von ihm benutzten Straßen einen Spaziergang machen. Und wenn man an einem Sommertag von Becketts Haus die Richtung zum Dorf Foxrock einschlägt, kann man die Schritte seiner Figuren aus »All That Fall«, geschrieben fürs Radio (1956), nachverfolgen.

Im Allgemeinen war Beckett kein dezidiert autobiografischer Schriftsteller. Aber als Maddy Rooney, die Hauptprotagonistin, ihren Mann als Geburtstagsüberraschung vom Zug abholen möchte, geht sie die Brighton Road entlang. Ihr Ziel ist die Foxrock Station, auch wenn diese im Stück Boghill genannt wird.

Das Stück erhielt zunächst den Titel »A Lovely Day at the Races«. Und wenn man sich zur richtigen Zeit zu der nahe gelegenen Leopardstown-Rennbahn aufmacht, kann man dort sogar den Live-Kommentaren lauschen.

»All That Fall«, ein Titel nach einem Bibelvers, ist typisch für Becketts düstere Perspektiven. Als Maddy am Bahnhof ankommt, hat der Zug aus unbekannten Gründen Verspätung. Und als sie mit ihrem blinden Mann den Heimweg antritt, erfährt man, dass ein Kind unterwegs aus dem Zug gefallen und gestorben ist. Maddys Mann scheint darin verwickelt zu sein, auch wenn sich das nicht aufklärt. Der Autor behauptet, er kenne die Wahrheit selbst nicht.

Beckett, der 1969 den Nobelpreis für Literatur erhielt, verbrachte als Erwachsener sein Leben hauptsächlich in Paris und schrieb auf Französisch. Nach und nach verzichtete er in seinen Werken auf Lokalkolorit, sodass seine Figuren eine universale Gültigkeit bekamen. Doch ein Schild an einer Straße in Montparnasse, die nach ihm benannt wurde, verweist auf seinen Anfang und sein Ende und lässt Dublin außen vor: »1906 Foxrock – 1989 Paris«.

Adresse Foxrock, County Dublin | ÖPNV Buslinien 7d, 46a, 84, 84a; »Luas Green Line« nach Sandyford oder Carrickmines, dann ein Spaziergang von 15 Minuten | Tipp In Foxrock Village stehen zum Gedenken an Beckett zwei Bänke, eine davon trägt die Inschrift »Warten auf Godot«, den Titel seines berühmtesten Theaterstücks.

84 Die Schule von St Enda

Eine Vorschule für Rebellen

Die St Enda's School, das heutige Pearse Museum, begann als Experiment auf der Basis der Ideen von Patrick Pearse über die Erziehung. Als Sohn eines englischen Steinmetzen, der nach Dublin auswanderte, wurde Pearse Lehrer und glühender irischer Nationalist. Seine Schule in Rathfarnham sollte nicht nur das Wissen der Kinder fördern, sondern sie auch auf die Revolution vorbereiten.

Zusammen mit seinem Bruder Willie wollte er mit Hilfe von St Enda's Jahrhunderte der Anglisierung in Irland revidieren. Die Schüler wurden in der einheimischen Sprache und Kultur unterrichtet. In Kilts spielten sie das alte gälische Hurlingspiel, führten Theaterstücke auf und veranstalteten historische Umzüge.

In Erziehungsfragen vertrat die Schule progressive Ideen. Die Kinder wurden dazu angehalten, viel Zeit im Freien zu verbringen, im Garten zu arbeiten und sich mit der Natur auseinanderzusetzen. Der Unterricht war auf das Kind konzentriert und sollte dessen Potenzial entfalten. Außerhalb der Schule war Pearse Anführer der militanten Irish Republican Brotherhood.

Am Ostermontag 1916 verlas Pearse auf den Stufen des Hauptpostamts in Dublin die Proklamation der Irischen Republik und schloss sich dann einer wochenlangen bewaffneten Rebellion an, die schließlich von den Briten zerschlagen wurde. Seine beiden Brüder waren unter den 16 Rebellenführern, die wegen ihrer Teilnahme am Aufstand hingerichtet wurden. Patrick Pearse soll angesichts des Feuerkommandos vor sich hin gepfiffen haben.

Fünf der hingerichteten Rebellen hatten in der St Enda's unterrichtet, und mehr als 30 Mitglieder der Garnison, die das Hauptpostamt hielt, hatten Pearses Schule besucht. Nach seinem Tod kämpfte sich die Schule mühsam durch, bevor sie in den 1930ern im unabhängigen Irland geschlossen wurde.

1968 ging sie als Geschenk an den Staat und wurde dann als Museum umgestaltet.

Adresse The Pearse Museum, St Enda's Park, Grange Road, Rathfarnham, Dublin 16, Tel. +353 (0)1/49334208, www.heritageireland.ie/en/peasemuseum | **ÖPNV** Buslinie 16 zur Grange Road, Stop am St Enda's Park | **Öffnungszeiten** März–Okt., täglich 9.30–17.30 Uhr, Nov.–Jan. täglich 9.30–16 Uhr, Feb. täglich 9.30–17 Uhr | **Tipp** In den im 18. Jahrhundert angelegten Außenanlagen des heutigen Museums ist eine Ansammlung ungewöhnlicher Objekte zu finden, darunter eine Einsiedlerklause, ein Hünengrab und ein Oghamstein (aufgerichteter Stein mit Ogham-Schriftzeichen) aus dem vorchristlichen Irland.

85 Die Schwarze Madonna

Eine mittelalterliche Statue mit Überlebenspotenzial

Our Lady of Dublin ist nach dem heiligen Valentin lediglich die zweitgrößte berühmte Statue in der Whitefriar Street Church, aber sie hat eine lange, wundersame Geschichte. Sie ist die einzige Schwarze Madonna in Irland, und ihr Ursprung ist geheimnisvoll. Hunderten von ähnlichen Statuen in ganz Europa, von denen einigen sogar Wunderkräfte zugeschrieben werden, diente sie als Vorbild.

Die Dubliner Madonna wurde vermutlich Anfang des 15. Jahrhunderts aus Eichenholz geschnitzt. Zuerst befand sie sich in der St Mary's Abbey, einem einst reichen und mächtigen Kloster im Norden der Stadt. Als unter Heinrich VIII. die Loslösung vom päpstlichen Rom erfolgte und die katholischen Klöster aufgelöst wurden, wurde St Mary's als Waffenlager genutzt. Die Statue sollte verbrannt werden.

Doch sie entging der Zerstörung. Eine Zeit lang diente sie als Futtertrog für Schweine: mit dem Gesicht nach unten und dem ausgehöhlten Rücken als Futterkrippe. Irgendwann wurde sie wiedergefunden und in eine Jesuitenkapelle gebracht, aber dann erneut irgendwo abgelegt. 1824 entdeckte der Karmelitermönch John Spratt – er hatte die Gebeine des heiligen Valentin als Reliquie nach Dublin gebracht – die Statue in einem Laden in der Capel Street. Seither hat sie in der von ihm erbauten Kirche, umgeben von üppigen Mosaiken, einen festen Platz.

Beinahe hätte sie einmal einen noch markanteren Platz in Dublin erhalten. 1932, als es in dem gerade unabhängig gewordenen Irland einen heftigen religiösen Schub gab, der noch durch die Jahrtausendfeier von St Patrick und einen Eucharistiekongress in Dublin befeuert wurde, schrieb ein Leser an die »Irish Times«, die Statue möge doch einen gewissen englischen Admiral auf der Nelsonsäule ersetzen.

Doch Our Lady of Dublin blieb, wo sie war. Auch die Nelsonsäule hielt sich noch 32 Jahre lang, bis sie von irischen Republikanern in die Luft gesprengt wurde.

Adresse Whitefriar Street, 56 Aungier Street, Dublin 2, www.whitefriarstreetchurch.ie | ÖPNV Buslinien 16, 65, 65b, 122; »Luas Green Line« nach St Stephen's Green, dann fünf Minuten zu Fuß | Öffnungszeiten Mo 7.30–18 Uhr, Di–Fr 7.30–21 Uhr, Sa 8.30–19 Uhr, So 7.30–19 Uhr | Tipp Wenn man einen Dubliner nach der Aungier Street fragt, ist es nützlich zu wissen, dass sich der Name auf danger reimt.

86 Shaws Geburtsort

Ein Müllmann setzt sich für ein Genie ein

Neben seinem produktiven Wirken als Schriftsteller war George Bernard Shaw lebenslang ein sozialistischer Aktivist. Er war Mitbegründer der London School of Economics und ist der Einzige, der je einen Nobelpreis und einen Oscar gewonnen hat. Das Schild an seinem Dubliner Geburtshaus wirkt allerdings recht bescheiden: »Bernard Shaw, Autor von vielen Stücken, wurde am 26. Juli 1856 in diesem Haus geboren«. Shaw entwarf es selbst, mit 91 Jahren. Und im Gegensatz zu dem bleichen Marmor rankt sich eine bunte Geschichte darum.

Der Anstoß für diese Gedenktafel kam nicht von Shaw, sondern von einem langjährigen stillen Bewunderer, einem Dubliner Müllmann namens Patrick O'Reilly, der gleich um die Ecke von Shaws Geburtshaus zur Welt gekommen war. 40 Jahre lang kümmerte er sich in der Gegend um den Müll. Ende der 1940er beschloss er, es müsse eine Gedenktafel für Shaws Geburtshaus geben. Dabei hatte er die Idee, das Geld für die Finanzierung bei seinen Kunden einzutreiben.

Dann schrieb er dem Dramatiker in England und schlug folgende Inschrift vor: »Er stand unbegrenzt, unbeschränkt und selbstlos seinem Land zur Verfügung«, und bat um dessen Einverständnis. Shaw, der stets jegliche Ehren abgelehnt hatte, sogar einen englischen Adelstitel, erhob Einwände. »Lieber Pat«, schrieb er zurück, »deine Inschrift ist eine glatte Lüge. Ich verließ Dublin, bevor ich zwanzig war, und habe mich mein Leben lang für die Labour Party und den Internationalen Sozialismus eingesetzt. Ich könnte schon am Galgen baumeln.« Er schlug daher die anderen Worte vor und den die Plakette einfassenden Kranz aus Kleeblättern.

Eine von Shaws berühmtesten Figuren, Eliza Doolittle in dem 1913 aufgeführten Stück »Pygmalion«, ist die Tochter eines Müllmanns. Dieses Werk trug auch zu seinem Nobelpreis bei. Gleichzeitig bekam er den Oscar für das Drehbuch des Stücks, das dann als »My Fair Lady« in die Kinos kam.

Adresse 33 Synge Street, Dublin 8 | ÖPNV Buslinien 15a, 15b, 44, 65, 65b, 122; »Luas Green Line« zur Harcourt Street | Tipp Im Haus Nummer 33 an der Bloomfield Avenue in Portobello verbrachte Chaim Herzog, der spätere Präsident von Israel, seine Kindheit. Sein Vater war zu der Zeit Oberrabbiner von Irland.

87_The Sick & Indigent Roomkeepers Society

Ein Zeichen vergangener Zeiten

The Sick and Indigent Roomkeepers Society hat ihren Sitz nicht mehr in dem hübschen Gebäude in der Palace Street Nummer 2. Doch sie residierte hier nahezu 140 Jahre lang und hinterließ einen tiefen Eindruck. Bis heute und in absehbare Zukunft ist der ungewöhnliche Name in die Front des Gebäudes eingemeißelt, sodass es eines von Dublins bekanntesten »Geist«-Zeichen ist.

Die Gesellschaft, gegründet 1790 und immer noch aktiv, ist die älteste Wohlfahrtsorganisation der Stadt. Aber der Name bedarf vermutlich einer Erklärung. Manch einer muss vielleicht sogar recherchieren, was »indigent« (arm) bedeutet. Und »roomkeepers«, ein Begriff, der heute für Hotelpersonal gebräuchlich ist, bezeichnete seinerzeit Menschen, die, oft allein und unter schrecklichen Umständen, in meist winzigen Räumen ihr Dasein fristeten.

Die Gesellschaft befand sich zuerst jenseits des Flusses in der Gemeinde St Michan's, einem verarmten Gebiet, wo die Gründer berührt waren von der Misere »vieler armer Menschen, die nicht arbeiten konnten und sich schämten zu betteln und oft tot in den Mansarden und Kellern gefunden wurden, wohin sie sich zurückgezogen hatten«. Die Organisation hatte sich die große Aufgabe gestellt, den Bedürftigen zu helfen – was heute noch dringlicher geworden ist. Das ehemalige Gebäude ist inzwischen in Privatbesitz.

Aber die Palace Street hat einiges zu bieten. So führt sie zum Dublin Castle, wo sich auch das französische Restaurant »Chez Max« befindet. Und da an ihr nur zwei Eingangstore von Häusern liegen, ist sie die kürzeste Straße der Stadt. Neben der Nummer 2 befindet sich jetzt ein kleiner Büroblock, der 2006 auf dem angrenzenden Platz errichtet wurde und eines von Dublins verhasstesten Gebäuden ist. Es ist so unbeliebt, dass man nicht einmal einen beleidigenden Spitznamen erfand, man nennt es nur »das Ding in der Dame Street«.

Adresse 2 Palace Street, Dublin 2, www.roomkeepers.com | **ÖPNV** Buslinien 13, 16, 40, 123 | **Tipp** Von der Palace Street gelangt man in zwei Minuten zu Fuß zu einer anderen Dubliner Sehenswürdigkeit – dem neonfarbenen Schild »Why Go Bald?« auf dem Dame Lane.

88 Die Silicon Docks

Hightech belebt das alte Dublin

Kalifornien hat sein Silicon Valley und Dublin die Silicon Docks: ein Zentrum der Hightech-Konzerne wie Google, Facebook, Twitter und LinkedIn, die alle ihren europäischen Hauptsitz nach Irland verlegt haben. Die zweite Hälfte des Namens geht auf das Grand Canal Dock zurück, wo die erste und größte Firmenkonzentration zu finden ist.

Das Phänomen zeichnete sich zu Beginn dieses Jahrhunderts ab, als Irlands Industrial Development Authority ganz aggressiv US-Hightech-Firmen ins Visier nahm. Der große Fang war Google. Nachdem das Unternehmen bereit war, in Dublin seinen europäischen Hauptsitz zu eröffnen, forderte es damit andere zur Nachahmung auf. Google expandierte am schnellsten und am größten. Ende 2015 beschäftigte die Firma mehr als 5.000 Angestellte und Leiharbeitskräfte in der Stadt, wobei die Belegschaft mit gut siebzig Nationalitäten und fast genauso vielen Sprachen außerordentlich bunt sind.

Diese Hightech-Firmen machen Dublin attraktiv, wie auch die Tatsache, dass es die jüngste Bevölkerung Europas mit hohem Bildungsniveau aufweist. Aber auch die sehr geringe Körperschaftssteuer stellt zum Kummer größerer EU-Volkwirtschaften einen starken Anreiz dar.

Auf jeden Fall hat dieses Phänomen die Docklands, die schon vor dem Ende standen, wiederbelebt. Da die meisten Arbeitskräfte zwischen zwanzig und dreißig sind, ist Dublin jetzt eine pulsierende kosmopolitische Stadt und hat sich, weit entfernt von Europas größten Bevölkerungszentren, auf die Kommunikationstechnik konzentriert. Ein Nebeneffekt des Silicon-Docks-Phänomens war der Web Summit, der bis 2015 fünf Jahre lang jährlich hier abgehalten wurde, aber nun nach Lissabon umzieht. Das Gipfeltreffen in Dublin lockte 30.000 Network-Freaks an, wobei das Rahmenprogramm der Schlüssel zu seinem Erfolg war: Zu den am besten besuchten Events gehörten die nächtlichen Kneipentouren.

Adresse Googles Dubliner Hauptsitz, Barrow Street, Dublin 4; andere Gesellschaften in der Gegend sind Facebook und Airbnb | **ÖPNV** DART zur Barrow Street | **Öffnungszeiten** kein Zutritt für die Öffentlichkeit; nur Blick von außen möglich | **Tipp** Am jährlichen Wochenende der offenen Türen im Oktober können einige Arbeitsplätze besichtigt werden.

89 Der Smithfield Square

Das Berlin des Kalten Krieges trifft auf Dublin

Obwohl der klassische Spionagefilm »Der Spion, der aus der Kälte kam« (1965) überwiegend in der ehemaligen DDR spielte, wurde ein Teil auch in Dublin gedreht. Der kopfsteingepflasterte Smithfield Square bildete im Film die Kulisse des Checkpoint Charlie, des berüchtigten Kreuzungspunkts zwischen Ost- und Westberlin. Und es heißt, dass das Dublin der 1960er Jahre als Double für dieses frostige Berlin, das damals noch im Kalten Krieg verharrte, überzeugender war als die reale Stadt

Ein halbes Jahrhundert später ist Smithfield immer noch ein Kreuzungspunkt zwischen zwei Hälften einer Stadt, in diesem Fall zwischen dem alten und dem neuen Dublin. Seit Jahren gab es Bestrebungen in der Stadtverwaltung, den Platz anspruchsvoller zu gestalten (er hat die Form eines langen Rechtecks) und ihn in eine lokale Version von Roms Piazza Navona zu verwandeln. Doch dieser Plan geriet in Konflikt mit Smithfields traditioneller Rolle als Marktplatz sowie dem monatlichen Pferdemarkt, der seit Jahrhunderten hier abgehalten wird. Der Pferdemarkt, der oft wegen Klagen über die Grausamkeit gegenüber den Pferden unter Druck stand, wird jetzt nur noch alle zwei Jahre abgehalten und ist weit entfernt von seiner Glanzzeit.

Aber auch die zwischenzeitlich versuchten architektonischen Verbesserungen gerieten nicht zum Besten. Dazu gehört eine Reihe von zwölf Laternenpfählen mit Gasbrennern (die selten brennen) auf einer Seite. Und viele Gebäude stehen auch schief. Der Süden und der Westen des Platzes werden von großen, modernen Apartmentblöcken dominiert. Eine Reihe kleiner Sozialbauten der 1980er und der beliebte »Cobblestone Pub« befinden sich in der nordöstlichen Ecke.

Die Neugestaltung schließt auch das »Light House«, ein Breitwandkino, mit ein sowie ein Café, eine Bar und eine Erholungszone mit Tischtennisplatten. In der Sprache des Kalten Krieges wäre das dann die Westseite des Square.

Adresse Light House Cinema, Smithfield, Dublin 7, Tel. +353 (0)1/8728006, www.lighthousecinema.ie | ÖPNV Buslinien 25, 25a, 25b, 66, 66a, 66b, 67; »Luas Red Line« nach Smithfield | Tipp In unmittelbarer Nähe von Smithfield, in der Bow Street, liegt die alte Jameson-Brennerei. Es gibt dort tägliche Führungen mit Verkostung sowie ein Restaurant.

90 Das Smock Alley Theatre

Dublins ältestes neues Theater

Das Smock Alley Theatre ist das älteste Theater in Dublin, aber gleichzeitig auch eines der neuesten. Dieses Paradox erklärt sich aus einer Theatergeschichte in zwei Akten, deren Pause 200 Jahre lang dauerte.

Zum Teil war es ein Getränkeintervall, denn Jahre nach der Schließung (1787) diente das Theater als Whiskydepot. Danach wurde es eine Kirche, was ja auch etwas Theatralisches hat. 1811 war es (die Katholikenemanzipation war noch Jahre entfernt) die erste katholische Kirche, die seit der Reformation die Glocken läutete.

Aber zurück zu seinen Anfängen als Theater im Jahr 1662. Im Jahrhundert darauf wurden dort einige berühmte Stücke aufgeführt, darunter Goldsmiths »She Stoops to Conquer« und Richard Brinsley Sheridans »The Rivals« und »The School for Scandal«. Und das trotz der Standortprobleme auf trockengelegtem Land am Flussufer, was bedeutete, dass sich die Aktivitäten nicht immer auf die Bühne beschränkten. Bei einer Aufführung eines Stücks von Ben Jonson stürzte 1670 die obere Galerie auf die mittlere, und diese wiederum krachte auf die Sitze im Parkett, wobei ein paar »arme Mädchen« getötet wurden.

1735 gab es einen weiteren Einsturz. Fast drei Jahrhunderte später, als auf dem Gelände der inzwischen geschlossenen Kirche Ausgrabungen durchgeführt wurden, entdeckte man, dass das alte Theater nicht zerstört worden war, wie man geglaubt hatte, sondern das Fundament von 1662 und ein großer Teil des nach 1735 errichteten Neubaus noch vorhanden waren.

Nach einer umfangreichen Renovierung öffnete das Theater wieder, mit drei Bühnen und einem Bankettsaal. Einige Details der Kirche wurden übernommen, wie zum Beispiel der verschnörkelte Deckenputz und die bunten Fenster. Aber es hat auch viel von seiner früheren Form bewahrt. Auf der Smock-Alley-Website heißt es, dass dieses Theater »eines der bedeutendsten in der europäischen Theatergeschichte ist«.

Adresse 6–7 Exchange Street, Dublin 2, Tel. +353 (0)1/6770014, www.smockalley.com | **ÖPNV** Buslinien 37, 39, 39a, 51d, 69, 83, und 145 zum Wood Kai; »Luas Red Line« nach Jervis oder Four Courts, dann fünf Minuten zu Fuß | **Öffnungszeiten** Schalter: Mo–Sa 10–18 Uhr, So (nur an Ausstellungstagen) 12–20 Uhr | **Tipp** Die »Freedom Bell« auf dem Dach des Theaters – eine Schenkung des Department of Tourism bei der Restaurierung (2014) – hat angeblich Risse bekommen, als sie 1811 geläutet wurde und dadurch gegen die damaligen Strafgesetze verstoßen wurde.

91 Die St Audoen's Anglican Church

Eine alte Kirche als Glücksbringer

Unter den alten Artefakten in der Kirch St Audoen's befindet sich ein »Glücksstein«. Es handelt sich dabei um einen Grabstein aus dem 9. Jahrhundert, der darauf hinweist, dass die heutige Kirche, 1190 von normannischen Invasoren erbaut, über den Resten einer noch viel älteren errichtet wurde. Die Assoziation des Steins mit Glück reicht mindestens bis zum 13. Jahrhundert zurück.

1308, als die erste öffentliche Zisterne im nahe gelegenen Cornmarket errichtet wurde, haben die Einwohner den Stein aus der normannischen Kirche hierhergebracht. Zu der Zeit war es riskant, Wasser zu trinken – Bier war häufig ungefährlicher. Aber der Ruf des Steins ging weit über die Wasserreinigung hinaus. Dubliner Geschäftsleute glaubten, ihn täglich zu betasten sei ihrem Erfolg förderlich. Und Pilger, die sich auf den Jakobsweg aufmachten, wollten ihn unbedingt berühren, um eine sichere Reise zu erbitten.

Da ihm solch übernatürliche Kräfte zugesprochen wurden, war er heiß begehrt. Aber zum Teil wurden ihm auch deshalb übernatürliche Kräfte unterstellt, weil er immer wieder den Weg nach St Audoen's zurückfand, obwohl er schon mehrere Male verschwunden war. 1826 wurde er von ein paar Bauern gestohlen und aus Dublin fortgekarrt. Dabei wurde der Stein immer schwerer, sodass der Karren schließlich zusammenbrach und die Diebe aufgeben mussten. Bei dieser und anderen Gelegenheiten soll er auch menschliche Eigenschaften gezeigt haben. Als er von Steinmetzen gefunden wurde, die ihn zu zertrümmern versuchten, stöhnte er so lange, bis sie damit aufhörten.

Aber auch wenn diese Gegebenheiten sehr ungewöhnlich sind, ist der Glücksstein nur einer der Gründe, weshalb sich ein Besuch der Kirche lohnt. Sie ist Dublins älteste mittelalterliche Pfarrkirche, in der immer noch Gottesdienste stattfinden und die auf mindestens tausend Jahre Geschichte auf der Hauptstraße zurückblickt.

Adresse 14 Hight Street, Dublin 8, Tel. +353 (0)1/6770088, www.cja.dublin.anglican.org | **ÖPNV** Buslinien 13, 40, 123 | **Öffnungszeiten** 25. April–23. Okt. täglich 9.30–17.30 Uhr; letzter Eintritt: 16.45 Uhr | **Tipp** Audoen ist ein normannischer Name und wird »Aud-owen« ausgesprochen. Wenn man nach der Adresse fragt, muss man sich bewusst sein, dass die heimische Aussprache schon eher nach »St. Audience« klingt.

92_Die St Mary's Chapel of Ease

Eine Kirche mit schlechtem Ruf

Man kann die »Black Church« – offiziell St Mary's Chapel of Ease – nur besuchen, wenn man einen Termin bei einem der Betriebe innerhalb der säkularisierten Kirche hat. Ansonsten entgehen einem solch spektakuläre Details wie der Parabelbogen, durch den sich die Mauern nach innen winden und sich zum Dach formen. Doch der Ruf des Gebäudes hat weniger damit zu tun als vielmehr mit abergläubischen Vorstellungen, was man gern selbst testen kann.

In einer Tradition, die von dem düsteren, unheilverheißenden Kirchenbau inspiriert wurde, glaubte man, wenn man dreimal gegen den Uhrzeigersinn um die Kirche gehe, tauche der Teufel auf und stehle einem die Seele. In anderen Versionen sollte man dabei wegrennen, oder das alles geschehe erst um Mitternacht. Und je nach Erzähler gibt es noch weitere Geschichten und Fassungen.

Es gibt keinerlei Unterlagen, die das Auftauchen des Teufels belegen. Doch die Legende war so stark in der Bevölkerung verwurzelt, dass sie auch die Autobiografie von 1962 des Dubliner Poeten Austin Clarke beeinflusste. Er wuchs in der Nähe der Kirche auf und nannte sein Buch (vorsichtshalber?) »Twice Round the Black Church«. Sechzig Jahre zuvor wurde das Gebäude auch in James Joyces' »Ulysses« erwähnt. Während einer Traumfolge sieht sich der Protagonist vor Gericht, angeklagt wegen verschiedener Sünden wie einer »heimlichen Eheschließung mit wenigstens einer Frau im Schatten der Black Church«. In den 1960ern wurde die Kirche säkularisiert. Seither verblassten die damit verbundenen übernatürlichen Assoziationen. In der neueren Zeit kann man am ehesten eine Verbindung dieser Geschichten mit dem Unheil finden, als die Dubliner Politessen in dem Gebäude untergebracht waren. Die Außenmauern sind so dunkel wie immer, wofür es eine natürliche Erklärung gibt: Der Architekt verwendete eine Kalksteinsorte, die bei Regen dunkel wird.

Adresse St Mary's Place, Broadstone, Dublin 7 | **ÖPNV** Buslinien 1, 16, 38, 38a, 38b, 40d, 122 | **Tipp** Zu beachten ist der Gegensatz zwischen dem schlechten Ruf der Kirche und dem Namen der Straße gegenüber der nordöstlichen Ecke: Paradise Place.

93 Die St Nicholas of Myra Church

Zeichen eines katholischen Comebacks

Am Rand einer alten Landkarte an der Außenseite des Portals der St Nicholas' Church befindet sich eine amüsante, wenn auch rassistische Zeichnung aus dem 12. Jahrhundert. Unter der Überschrift »Iren zeigen ihre Axt her« zeigt es einen großen gefällten Baum und zwei grobschlächtige Männer mit Äxten. Sicherlich sollten sie damit den Baum fällen, aber der Witz ist, dass der eine Mann die Axt in den Schädel des anderen geschlagen hat.

Diese Zeichnung befand sich unter den Illustrationen in einem Buch über Irland, das 1188 von Giraldus Cambrensis, einem anglonormannischen Mönch, zusammengestellt wurde. Er hielt nicht viel von den Iren im Allgemeinen, aber als offizieller Chronist der Normannen hatte er ein gesteigertes Interesse daran, die Iren als ein Volk darzustellen, das dringend zivilisiert werden musste. Galt Irland vorher als Insel der Heiligen und der Gelehrten, wurde es jetzt als Heimat der unbelehrbaren Wilden geschildert. Und die Schriften von Giraldus Cambrensis über dieses lange zurückliegende Thema bestimmten jahrhundertelang die englisch-irischen Beziehungen, bis sich spätere Historiker mit ihm auseinandersetzten. Inzwischen hatte zudem die Reformation einen Keil zwischen die Iren, die vorwiegend katholisch blieben, und ihre protestantischen Herrscher getrieben. Es folgten Jahrhunderte religiöser Diskriminierung durch Strafgesetze.

Daraus erklärt sich auch die Bedeutung der St.-Nicholas-Kirche, die 1829 errichtet wurde, in demselben Jahr, als die Katholiken das Wahlrecht erhielten. Die Kirche ist sehr hübsch, mit einem exquisiten Deckendekor und einem Altar aus Marmor.

Aber die Kirche war zugleich ein erster vorsichtiger Schritt zur vollen Religionsfreiheit, denn auch 1829 durften katholische Kirchen noch nicht allzu sehr auffallen. Deshalb wurde St Nicholas so weit wie möglich von der Hauptstraße entfernt errichtet.

Adresse Francis Street, Dublin 8, Tel. +353 (0)1/5611390, www.francisstreetparish.ie | ÖPNV Buslinien 13, 40, 49, 51a, 77, 123, 150 | Öffnungszeiten täglich 9.30–12 Uhr | Tipp In der Francis Street findet man die meisten Antiquitätengeschäfte Dublins.

94_Der St Patrick's Tower

Eine ausgediente Windmühle

Fragt man einen Dubliner nach dem St Patrick's Tower, wird er einen verwirrt anschauen, auch wenn der Tower eine der auffallendsten Sehenswürdigkeiten ist. Doch wenn man nach einer alten Windmühle fragt, wird man sofort zu dem Ding in der Thomas Street geschickt, das schon lange nicht mehr in Betrieb ist und jetzt müßig auf dem Parkplatz eines Büroblocks steht.

Was hat der heilige Patrick mit dem Turm zu tun? Nun, wenn Sie einen Blick auf die 40 Meter hohe Spitze werfen, werden Sie das verstehen: Dort oben steht eine kleine Statue des Heiligen und dreht sich wie eine Wetterfahne im Wind.

Nach ihrer Turmspitze wird diese Windmühle Kappenwindmühle genannt. Sie war mit Segeln ausgestattet und konnte sich im Wind um 360 Grad drehen, um die Brise einzufangen. Es soll in Europa der größte Turm dieser Art sein.

Als der Turm 1757 errichtet wurde, hielten es die Besitzer für angebracht, den Segen der irischen Heiligen zu erbitten, was insofern etwas geschmacklos war, da sie mit Whiskey handelten. Vor allem der Klerus sah darin einen Fluch für die Iren. Doch die George Roe Distillers wurden zur weltweit größten Whiskeybrennerei, die sich in ihrer Blütezeit über eine Grundstücksfläche von fast 70.000 Quadratmetern erstreckte und jährlich Millionen Flaschen exportierte – und das alles unter der Aufsicht der winzigen Figur mit Kreuz und Mitra.

Dann erlebten Roe's und die irische Whiskey-Industrie schlechthin einen herben Rückgang. Gründe dafür waren der Aufruf des Klerus zur Mäßigung, Änderungen in der Geschmacksrichtung, der Erste Weltkrieg und die Prohibition in den USA. Heute kennt in Dublin kaum jemand mehr den Namen Roe's.

Doch wenn der heilige Patrick, Irlands Nationalheiliger, heute von seinem Turm hinabblickt, schaut er auf eine große Brauerei, die das gesamte ehemalige Gelände von Roe's einnimmt und mehrere Häuserblocks dazu. Der Name lautet Guinness.

Adresse The Digital Hub Parkplatz, Thomas Street, Dublin 8, Tel. +353 (0)1/4806200 | **ÖPNV** Buslinien 13, 40, 123 | **Öffnungszeiten** kein Zutritt für die Öffentlichkeit | **Tipp** Am Fuß des Turms steht ein Birnbaum, einer von Irlands traditionellen Bäumen. Man datiert ihn auf das 19. Jahrhundert.

95 Die St Werburgh's Church

Glockengeläut und Brandschutz

Eine faszinierende Tafel in der St Werburgh's Church zeigt eine Liste von Gottesdiensten aus dem Jahr 1728 einschließlich einer Aufstellung von Preisen. Es gab zwei Tarife für alle Dienste: einen für die Gemeindemitglieder und einen – viel teureren – für »Fremde«, die für eine Hochzeit, ein Begräbnis oder sogar für »gedämpftes« Glockengeläut extra zahlen mussten. Das Letztere war ein Luxus-Service. Die Glockenschwengel wurden mit Leder überzogen, um einen leiseren, gedämpften Klang zu Ehren des Verstorbenen zu bekommen.

Doch St Werburgh's bot nicht nur Gottesdienste an, sondern kann darüber hinaus mit ungewöhnlichen Exponaten dienen, wie im Atrium zu sehen ist. Die Kirchen waren auch für den Brandschutz in ihren Gemeinden verantwortlich, was nach dem Großen Brand von London 1666, der vier Fünftel der City vernichtete, umso dringlicher erschien.

Da die St Werburgh's Church eine ähnliche Katastrophe in Dublin befürchtete, beschloss sie, die neueste Spitzentechnologie aus Frankreich einzusetzen. Aber statt dafür einen hohen Preis zu bezahlen, entsandte man einen Ingenieur nach Frankreich, wo er sich als potenzieller Käufer ausgab, alles gewissenhaft notierte und, zurück in Dublin, die Maschinen, einen Spritzenwagen, selbst baute.

Obwohl die St Werburgh's Church immer noch ein imposantes Gebäude darstellt, ist sie doch seit ihrer Blütezeit im 18. Jahrhundert heruntergekommen. Sie hatte einen Turm mit einer 50 Meter hohen Spitze. Von dort oben hatte man eine gute Sicht in das angrenzende Dublin Castle, den Mittelpunkt englischer Herrschaft. Nach den republikanischen Rebellionen von 1798 und 1803 wurde der Turm mit seiner guten Aussicht (auch für Scharfschützen) zu einem Problem. Die Behörden machten sich große Sorgen wegen der baulichen Schwächen des Turms und seiner Spitze. 1810 wurde die Spitze entfernt und der Turm ein paar Jahre später ebenfalls abgetragen.

Adresse Werburgh Street, Dublin 8, Tel. +353 (0)1/4783710 | ÖPNV Buslinien 50, 50a, 54, 56a | Öffnungszeiten Die Kirche ist normalerweise geschlossen, Besichtigungen können aber telefonisch vereinbart werden. | Tipp Am ersten und dritten Sonntag finden um 10 Uhr Gottesdienste statt.

96 Das Studio des Francis Bacon

Ein Arbeitsplatz als Kunstwerk

Als der Maler Francis Bacon 1992 starb, hinterließ er eine ungewöhnliche Gemäldesammlung. Manche seiner Bilder werden heute für zig Millionen Euro verkauft. Er vermachte der Nachwelt aber auch das chaotischste Atelier, das man je erlebt hat. Und als die Hugh Lane Gallery in Dublin, der Geburtsstadt des Malers, den Arbeitsplatz des Künstlers ebenfalls zu einem Kunstwerk erklärte, geschah etwas absolut Einmaliges in der Kunstgeschichte.

Bacons Erben hatten der Galerie das Studio geschenkt. Doch das Problem bestand darin, dass es sich in London, 7 Reece Mew, Kensington, befand. Die Galerie musste zuerst Archäologen engagieren, um das riesige Durcheinander im Studio zu vermessen, zu fotografieren und zu katalogisieren, darunter 2.000 Pinsel, 1.500 Fotos, 1.300 herausgerissene Buchseiten und 100 ungerahmte Leinwände.

Dann wurde alles »einschließlich des Staubs« eingepackt. Sogar die Wände, Türen, der Boden und die Decke des Studios wurden mitgenommen. Alles wurde per Schiff nach Dublin transportiert und originalgetreu in einem speziell dafür vorgesehenen Teil der Galerie wieder aufgebaut. Auf Videos, die zur Ausstellung gehören, erklärt Bacon, dass der Zustand des Studios äußerst wichtig für seine Arbeit sei und dass er in einer aufgeräumten Umgebung nicht kreativ sein könne.

Bacons düstere, verzerrte Gemälde wurden schon zu seinen Lebzeiten kontrovers diskutiert. Die ehemalige britische Premierministerin Margaret Thatcher lehnte ihn als »den Mann, der grauenhafte Bilder malt«, ab. Sogar einer von Bacons ehemaligen Liebhabern, den er regelmäßig malte, fand die Gemälde »grässlich«. Aber wenn heute eines seiner Gemälde auf den Markt kommt, ist es nur für wenige Kunstliebhaber erschwinglich. Bei einer Auktion hielt ein Bacon-Bild kurzfristig den Preis-Weltrekord, bevor es von einem Picasso übertroffen wurde.

Adresse Hugh Lane Gallery, Parnell Square, Dublin 1, Tel. +353 (0)1/2225564, www.hughlane.ie | **ÖPNV** mehrere Buslinien zum Parnell Square oder »Luas Red Line« zur Abbey Street, dann acht Minuten zu Fuß | **Öffnungszeiten** Di–Do 10–18 Uhr, Fr und Sa 10–17 Uhr, So 11–17 Uhr | **Tipp** Dublins beste Sammlung französischer Impressionisten.

97__Sunlight Chambers

Ein Mahnmal für mehr Reinlichkeit

Die irische Hauptstadt wurde lange mehr oder weniger liebevoll »dear old dirty Dublin« (liebes altes schmutziges Dublin) genannt. Unabhängig davon, inwiefern diese Beschreibung heute noch zutreffen mag, war es im 19. Jahrhundert ganz gewiss ein viel schmutzigerer Ort. Doch zu Anfang des 19. Jahrhunderts verbesserten sich die sanitären Bedingungen gewaltig. Als Lever Brothers, ein Liverpooler Reinigungsunternehmen, 1899 einen neuen Firmensitz in Dublin errichtete, wurde beschlossen, dass das Gebäude selbst für mehr Reinlichkeit werben sollte.

Das Ergebnis war eine Reihe von Friesen, die um drei Seiten der »Sunlight Chambers« herumgeführt wurden. Sie stellen die Geschichte der Hygiene dar. Die gemeißelten Terrakotta-Platten, mit lebhaften Farben bemalt, zeigen Szenen der Herstellung und Verwendung von Seifenprodukten. Schon bald wurden sie ein beliebtes Wahrzeichen.

Doch nicht jeder mochte sie auf Anhieb. Eine irische Bau-Fachzeitschrift behauptete, dies sei »das hässlichste Gebäude in Dublin«, und nannte es »prätentiös und schäbig«. In der von der georgianischen Architektur geprägten Stadt war die Florentiner Architektur, nach der das Gebäude gestaltet wurde, ungewöhnlich. Aber vielleicht spielte für die Kritiker auch eine Rolle, dass das Design-Team aus Engländern bestanden hatte. Auf jeden Fall wurden die Sunlight Chambers sehr beliebt und überlebten Lever Brothers sowie spätere Mieter dort einschließlich der Finanzbehörde.

Ende des 20. Jahrhunderts war das Gebäude durch jahrelangen Smog und Auspuffgase völlig verdreckt, weshalb es 1999 restauriert wurde. Die Paneele wurden neu bemalt und glasiert, und für den Außenputz wählte man aus praktischen Gründen Gelb anstelle des ursprünglichen Weiß. In dem Gebäude befindet sich jetzt eine Anwaltskanzlei, es ist also nicht zu besichtigen. Doch das ist nicht weiter tragisch, denn die Sehenswürdigkeiten befinden sich ja außen.

Adresse Ecke Parliament Street und Essex Quay, Dublin 2 | ÖPNV Buslinien 37, 39, 39a, 69, 70, 79a, 83, 83a, 145; »Luas Red Line« nach Four Court oder Jervis, dann fünf Minuten zu Fuß | Öffnungszeiten nur von außen zu besichtigen | Tipp Von den Sunlight Chambers eine Minute zu Fuß die Parliament Street entlang, gelangt man zum Thomas Read's Cutlers, Dublins ältestem Laden. 1670 gegründet, wurden dort anfangs neben anderen Waren auch Schwerter verkauft. Leider wurde der Laden 1997 geschlossen und befindet sich in einem sehr schlechten Zustand.

98 Sweny's Chemist

Säuberungen à la James Joyce

Als James Joyce' »Ulysses« 1922 veröffentlicht wurde, galt es als ein sehr »schmutziges« Buch, vor allem bei denen, die es nicht gelesen hatten. Seine Freizügigkeit bei Themen wie Sex oder verschiedenen Körperfunktionen führte in England zu einem Verbot, und in den USA wurde es wegen Obszönität verfolgt. Es ist daher schon recht geschickt eingefädelt, dass heute das ganze Jahr über durch den Kauf von Seife an den Roman erinnert wird.

Obwohl »Ulysses« sich an Homers »Odyssee« orientierte, geht es in Dublin am 16. Juni 1904 um die pragmatischeren Dinge des Lebens. An diesem Tag ging Joyce zum ersten Mal mit seiner künftigen Frau Nora Barnacle aus. Der Protagonist des Buches ist der fiktive Leopold Bloom, dessen Wanderung durch die Stadt jeden 16. Juni als »Bloomsday« von den Joyce-Verehrern gefeiert wird.

Leopold Bloom kommt bei seiner Wanderung bei Sweny's Chemist am Lincoln Place vorbei und tritt dort ein, um sich ein Medikament zu holen. Dabei kauft er noch eine Zitronenseife, hält sie sich unter die Nase und atmet ihren »süßen Zitronenduft« ein. Diese Szene wird bis heute besonders gern nachgestellt, zumal sie keine große Vertrautheit mit dem Text erfordert. »Ulysses« bleibt ein Buch, über das mehr geredet wird als dass es gelesen wird – das machen überwiegend nur echte Bücherwürmer. Am Bloomsday rezitieren Schauspieler oft ganze Passagen daraus. Hartgesottene Joyceaner treffen sich das ganze Jahr über bei Sweny's zu Lesungen in allen möglichen Sprachen.

Sweny's ist heute keine Apotheke mehr. Doch zu besonderen Anlässen »behandeln« sich Besucher manchmal selbst mit flüssigen Arzneien, die sie auf der anderen Straßenseite im Kennedy's Pub holen. Sweny's ist inzwischen ein winziges Museum und zeigt charakteristische Szenen aus dem Dublin des Jahres 1904. Außer Seife werden hier auch antiquarische Bücher, Postkarten und andere Souvenirs verkauft.

Adresse Lincoln Place, Dublin 2, Tel. +353 (0)87/7132157, www.sweny.ie | ÖPNV Buslinien 4, 7, 44, 66 zur Clare Street und zur Westland Row; DART zum Pearse Street Station | Öffnungszeiten Mo–Sa 11–17 Uhr oder nach Vereinbarung | Tipp Oben an einer Giebelwand in der Nähe von Sweny's ist das Reklameschild des früheren »Finn's Hotel« angebracht (heute verschwunden), wo Nora Barnacle als Zimmermädchen arbeitete.

99 Das Táin-Mosaik

Ein Mosaik berichtet von einer altirischen Sage

Unmittelbar neben dem Eingang zu einer Tiefgarage im Zentrum von Dublin befindet sich an einer Wand ein Mosaik, auf dem Szenen aus einer mythologischen irischen Saga zu sehen sind.

Das im 1. Jahrhundert n. Chr. angesiedelte »Táin Bó Cuailnge« wurde gern als »Irlands Ilias« bezeichnet. Doch der Verfasser von dem »Buch von Leinster« (12. Jahrhundert), das eine Version des Epos enthält, sah sich zu einem Dementi veranlasst. »Ich, der ich diese Geschichte abgeschrieben habe oder genauer gesagt diese Phantasie, glaube die Einzelheiten der Phantasiegeschichte nicht«, schrieb er. »Einiges darin sind gemeine Lügen oder poetische Hirngespinste. Einiges scheint möglich zu sein, anderes nicht. Und einiges dient der Erheiterung von Idioten.«

Diese Schlussformel war an der Hauswand angebracht. Jetzt ist sie nicht mehr vorhanden und der Nachwelt damit unbekannt. Es gibt keinerlei Erklärung des Werkes mehr, und auch der Name des Künstlers (Desmond Kinney, der 2014 starb) oder das Jahr der Fertigstellung (1974) fehlen.

Es bleibt das Mosaik, das Höhepunkte des Konflikts zeigt, der entstand, als Königin Maeve von Connacht ihre Krieger nach Ulster entsandte, um den berühmten »Braunen Bullen von Cooley« zu stehlen. Nach viel Gemetzel gipfelte die Schlacht im Kampf zwischen dem jugendlichen Helden von Ulster, Cúchulainn, und seinem Sandkastenfreund und Pflegebruder Ferdia, Maeves tapferstem Soldaten. Sie kämpften drei Tage lang bis zur Erschöpfung. Dann setzte Cúchulainn seine halb-magische Waffe ein, einen mit dem Fuß geschleuderten Speer, Gae Bolga, und tötete schweren Herzens seinen Freund.

Das Mosaik wurde von den Erbauern des Setanta Centre (»Setanta« war Cúchulainns Kindername) in Auftrag gegeben. Der irische Staat ist einer der Mieter des Gebäudes. Im Laufe der Jahre wechselten die Eigentümer, und das Interesse an dem Mosaik ließ immer mehr nach.

Adresse Setanta Centre, Nassau Street, Dublin 2 | ÖPNV Buslinien 4, 7, 8, 15a, 15b, 46a, 116, 145; DART zur Pearse Street, dann fünf Minuten zu Fuß; »Luas Green Line« zum St Stephen's Green, dann fünf Minuten zu Fuß | Öffnungszeiten ständig | Tipp Eine kurzweilige Beschreibung der Táin-Mauer siehe die Website des »bardic storyteller« Richard Marsch, www.mazgeenlegendary.wordpress.com, und klicken Sie dort auf *Setanta Wall*.

100 Die Taucherglocke

Ein winziges Museum erzählt ein Epos

Eine Taucherglocke läutet gewöhnlich nicht, es sei denn, sie ist aus Sicherheitsgründen mit einem Telefon ausgestattet. Der Begriff »Glocke« rührt vielmehr von ihrer Form her. Anstelle eines traditionellen Klöppels sitzen Männer in der Glocke, die zum Meeresboden hinabgelassen werden, um dort zu arbeiten.

Die Taucherglocke im Dubliner Hafen wurde früher für den Bau der Tiefwasserkais entlang der Liffey eingesetzt, und zwar von 1871 bis 1958, und hätte danach verschrottet werden können. Stattdessen wurde sie in den 1980er Jahren auf den Sir-John-Rogerson-Kai hochgezogen, bei dessen Bau sie eingesetzt worden war, und dort blieb sie dann. In den folgenden drei Jahrzehnten erinnerte sie an die Menschen, die den ehemaligen Gezeiten- in einen Tiefseehafen umgewandelt hatten. Aber es war ein stummer Beitrag, denn es gab keine Tafel oder eine Inschrift oder dergleichen, um der Öffentlichkeit dieses seltsame rote, verwitterte Ding nahezubringen.

2015 war das Schweigen der Glocke endlich beendet. Sie wurde auf eine Plattform gehoben und in ein Mini-Museum verwandelt. Man kann jetzt das Museum besuchen, die informativen Tafeln über seine Geschichte lesen und anhand von Wassergeräuschen ein wenig die Klaustrophobie nachempfinden, die den Arbeitern sicherlich zu schaffen gemacht hat.

Die Glocke sowie die Kais waren das Werk des irischen Ingenieurs Bindon Blood Stoney. Er arbeitete dazu mit massiven 350 Tonnen schweren Betonblöcken, wie sie in dieser Größe noch nie benutzt worden waren. Diese wurden auf den von den Tauchern planierten Meeresboden hinuntergelassen. Die Männer kletterten durch einen Schacht in die Arbeitskammer. Sicherlich war es nicht angenehm, bei komprimierter Luft in einem Raum zu arbeiten, der kleiner als die meisten Wohnzimmer war. Doch sie und Stoney schafften es. Trotz der damit verbundenen Risiken wurde ein Jahrhundert lang kein Arbeiter ernsthaft verletzt oder gar getötet.

Adresse Sir John Rogerson's Quay, Dublin 2 | ÖPNV »Luas Red Line« zum Mayor Square/NCI; DART zum Grand Canal Dock, dann jeweils fünf Minuten zu Fuß | Tipp Ein Bruder von Bindon Blood Stoney war der Physiker George Johnstone Stoney, der den Begriff »electron« geprägt hat.

101 Die Thomas-Heazle-Parke-Statue

Lektionen für den Überlebenskampf

Am Eingang zum Natural History Museum wacht die Statue von Thomas Heazle Parke, der sich auf ein Gewehr stützt. Dabei war er besser dafür bekannt, Leben zu retten, als es zu nehmen. Er war zwar Soldat (und Naturforscher), aber auch Arzt auf einer der letzten großen Expeditionen des 19. Jahrhunderts nach Zentralafrika. Das erklärt die dramatische Szene auf einem Relief unter der Statue, auf dem er Gift aus der Brust eines Kameraden saugt, der von einem Pfeil getroffen wurde.

Parke rettete nicht nur das Leben dieses Mannes, sondern auch das vieler anderer. Aber die als humanitäre Mission gedachte Expedition war eine kleine Katastrophe, nicht zuletzt wegen ständiger Lebensmittelknappheit. In seinen Tagebüchern beschreibt er die knallharten Verhandlungen mit Häuptlingen, die von den Europäern im Austausch gegen Hühner und andere Lebensmittel verschiedene Dinge verlangen: »Indem sie uns nur wenige oder gar keine Lebensmittel geben, wollen sie uns aushungern, damit sie uns unsere Gewehre und unsere Munition abnehmen können. Doch das werden wir nicht zulassen, nicht bevor wir unsere sonstige Habe losgeworden sind.« Dies erklärt vielleicht, warum die Bronzestatue von Parke das Gewehr festhält, obwohl es ihn nicht vor dem Unheil bewahrte. Er überlebte die Expedition zwar, starb aber ein paar Jahre später mit 35.

In dem Gebäude hinter ihm ist der Kampf um Nahrung ein immer wieder brisantes Thema. Er ist wohl auch die Ursache für das Aussterben des gewaltigen irischen Hirsches, des wertvollsten Exponats des Museums. Es war die größte Wildart, die je hier lebte, mit einem riesigen Geweih. Sie benötigte zum Überleben verschiedene Mineralien, darunter auch Calcium. Eine Theorie besagt, dass die katastrophale Knappheit an Futtermitteln während der letzten Eiszeit vor 10.000 Jahren zu ihrem Aussterben führte.

Adresse Natural History Museum, Merrion Street, Dublin 2, Tel. +353 (0)1/6777444, www.museum.ie | **ÖPNV** Buslinien 4, 7, 25, 25a, 25b, 26, 44 zum Merrion Square; »Luas Green Line« nach St Stephen's Green; DART zur Pearse Station, dann jeweils acht Minuten zu Fuß | **Öffnungszeiten** Di–Sa 10–17 Uhr, So 14–17 Uhr | **Tipp** Im Museum ist bei einem im 19. Jahrhundert erlegten Eisbären noch das Einschussloch der Kugel zu sehen, die ihn tötete.

102 Die Tür der Versöhnung

Eine Chance für den Frieden

Unter den vielen historischen Artefakten in der St Patrick's Cathedral befindet sich eine Tür mit einer sehr interessanten rechtwinkligen Öffnung. In Dublin munkelt man, dass diese der Anlass für die bekannte Redensart *to chance your arm* (etwas riskieren) sei. Doch leider stimmt das so nicht.

Die Door of Reconciliation (Tür der Versöhnung), wie sie benannt wurde, verdankt ihre Berühmtheit einem Vorfall im Jahr 1492. Vorher war sie unversehrt und diente als ganz normale Tür im Kapitelsaal der Kathedrale. Damals war wieder ein Streit entbrannt zwischen zwei irischen Adelsfamilien, den Fitzgeralds of Kildare und den Butlers of Ormond, die häufig miteinander im Zwist lagen. Gesprächsversuche scheiterten. Der Streit eskalierte, und Black James, ein Mitglied der Butlers, flüchtete mit seinen Truppen in den Altarraum des Kapitelsaals, verfolgt von Soldaten mit Langbogen. Später sollen in der Kathedrale einige Statuen entdeckt worden sein, in denen Pfeile steckten.

Black James weigerte sich, dem Wunsch des Earl of Kildare nachzukommen, vor der Kathedrale mit ihm zu reden. Also befahl der Earl seinen Soldaten, eine rechtwinklige Öffnung in die Tür zu schlagen. Dann streckte er den Arm durch die Öffnung, um Butler die Hand zu reichen, selbst auf die Gefahr hin, dass der ihm die Hand mit einer Axt abtrennen könnte. Auf diese Weise ebnete er den Weg für einen Friedensvertrag.

Das Problem für Etymologen bestand darin, dass die Redewendung *to chance your arm* vier Jahrhunderte lang in keinem schriftlichen Zeugnis auftauchte. Eine Theorie besagt, sie stamme aus dem Bereich der Schneiderei, eine andere behauptet, sie beziehe sich auf das Risiko, ein verstopftes Kanonenrohr zu reinigen. Doch die Dubliner ziehen ihre Version vor. Wie auch immer, die sagenumwobene Tür ist auf jeden Fall eines der berühmtesten Exponate der St Patrick's Cathedral.

Adresse St Patrick's Cathedral, St Patrick's Close, Dublin 8, Tel. +353 (0)1/4539472, www.stpatrickscathedral.ie | ÖPNV Buslinien 27, 49, 54a, 56a, 77a, 150, 151; »Luas Green Line« nach St Stephen's Green, dann fünf Minuten zu Fuß; »Luas Red Line« nach Four Courts, dann zehn Minuten zu Fuß | Öffnungszeiten März–Okt., Mo–Fr 9.30–17 Uhr, Sa 9–18 Uhr, So 9–10.30 Uhr, 12.30–14.30 Uhr, 16.30–18 Uhr; Nov.–Feb. gleiche Zeiten bis auf Sa 9–17 Uhr, So 9–10.30 Uhr und 12.30–14.30 Uhr | Tipp Einzigartig ist die Chorschule von St Patrick's, deren Ursprung auf das Jahr 1432 zurückgeht. Während der Schulzeit sind täglich Choraufführungen. Weitere Einzelheiten auf der Webseite (siehe oben).

103 Die Türen

Eintritt in die georgianische Welt – bildschön

In den frühen 1700er Jahren, als in Dublin die georgianischen Türen hergestellt wurden, die heute zum Ruhm der Stadt beitragen, hatten alle eine ähnliche Farbe, wenn auch vermutlich nicht das leuchtende Rot, Blau und Gelb von heute.

Es heißt, die Farbdifferenzierung habe erst mehr als ein Jahrhundert später mit zwei Nachbarn begonnen. George Moore soll seine Tür grün angestrichen haben, damit der betrunkene Oliver St John Gogarty, wenn er nachts nach Hause kam, sie nicht mit seiner eigenen verwechselte. Und Gogarty strich seine rot an, aus demselben Grund wie Moore.

Es ist eine gute Geschichte, auch wenn sie nicht wahr ist, denn Moore war kein Trinker. Vermutlich haben die Besitzer der georgianischen Häuser lange vor den beiden Männern ihre Individualität durch die Türfarben ausgedrückt. Schließlich war dies – neben Türklopfern und Oberlichtern – eine der wenigen Möglichkeiten, die ihnen zur Verfügung standen, da die Einheitlichkeit und perfekte Symmetrie ein Teil der Eleganz der georgianischen Architektur sind.

In den 1960er und 70er Jahren machte Dublins georgianisches Erbe eine schwere Zeit durch, als die Baufälligkeit der älteren Häuser zusammen mit der Tendenz zur Modernisierung dazu führte, dass viele abgerissen wurden. Auch ihre Herkunft aus der verhassten Kolonialzeit, als Irland Jahrhunderte unter britischer Herrschaft stand, war nicht gerade hilfreich. Sicherlich war es ein glücklicher Zufall, als 1970 ein New Yorker Werbemanager einen Werbespot in Irland drehte und, fasziniert von der Schönheit der Türen, vierzig davon fotografierte.

Die sich daraus ergebende Poster-Collage wurde zuerst für eine Werbekampagne für Irland in den USA verwendet. Die Poster wurden zu einem kommerziellen Erfolg und zu Tausenden verkauft. Damit wurde allen Dublinern vor Augen geführt, dass die klassische Tür zu den Kleinodien ihrer Stadt gehört.

Adresse Am besten kann man georgianische Eingangstüren am Merrion Square und Fitzwilliam Square, Dublin 2, betrachten. | **ÖPNV** Buslinien 4, 7, 25, 26, 44, 66, 67 | **Tipp** Die Irish Georgian Society (www.igs.ie) organisiert während der Sommermonate Stadtrundgänge durch Dublin.

104_Tully Church und High Crosses

Alte Ruinen im grünen Vorort

Folgt man der Brennanstown Road hinaus aus Cabinteely im südöstlichen Vorort von Dublin, biegt dann links ab nach Lehaunstown, und in knapp einem Kilometer hat man das Gefühl, sich mitten im tiefsten ländlichen Irland zu befinden. Die Illusion wird erst beim Anblick der M50, des Autobahnrings, zerstört, und man muss erkennen, dass man Dublin nicht wirklich hinter sich gelassen hat.

Doch hier, kaum eine Meile von Cabinteely entfernt, gibt es drei bemerkenswerte Ruinen aus dem Mittelalter. Als Erstes sieht man ein auffallendes keltisches Kreuz, das Anfang des 19. Jahrhunderts während Straßenarbeiten auf ein Podest gestellt wurde, aber eigentlich ein Relikt aus dem 12. Jahrhundert ist. Des Weiteren gibt es die pittoresken Ruinen der Tully Church, ebenfalls aus dem 12. Jahrhundert. Dabei wurde die Kirche vermutlich auf den Ruinen eines mehrere Jahrhunderte älteren Gebäudes errichtet. 1615 war die Tully Church noch vollständig erhalten, aber 1630 hatten ihr Stürme stark zugesetzt und sie nachhaltig beschädigt.

Nach der dritten Ruine – einem sehr verwitterten Kreuz, dem ein Arm fehlt und das Spuren einer gemeißelten Figur auf einer Seite zeigt – muss man schon länger suchen. Sie befindet sich mitten auf einem offenen Feld gegenüber der Kirche, erreichbar durch eine Lücke in der Hecke. Hier kann man sich bei einem schönen Ausblick die Herkunft des Namens »Tully« – eine Verballhornung des irischen Begriffs für *mound* (Hügel) oder *hill* – vor Augen führen und auch warum der Ort hier sich für die Errichtung einer Kirche anbot.

Wenn man jetzt an der Brennanstown Road links statt rechts geht, ist man bald in Foxrock, einem von Dublins exklusivsten Vororten. Dort erblicken Sie die Tullow Church, die moderne Version der alten Kirche, allerdings deutlich schlichter. Zu ihren früheren Gemeindemitgliedern gehörte immerhin der Nobelpreisträger Samuel Beckett.

Adresse Lehaunstown (auch Laughanstown ausgesprochen), County Dublin, Tel. +353 (0)1/2893154 (Tullow Church), www.tullow.anglican.org | **ÖPNV** Buslinien 84, 84a, 145 nach Cabinteely, dann 15 Minuten zu Fuß; »Luas Green Line« nach Lehaunstown | **Tipp** Auf dem Cover des 1973 entstandenen Albums »Happy to Meet, Sorry to Part« der irischen Rockband Horslips ist eine ungewöhnliche Ansicht des Tully High Cross zu sehen.

105 Die Uhr der Irish Times

Brian O'Nolan alias Myles na gCopaleen alias Flann O'Brien

Die Uhr der »Irish Times« ist nicht nur eine von Dublins bekanntesten Zeitmessern, sie gehört auch zu den beweglichsten. Vom ursprünglichen Standort der Zeitung in der Westmoreland Street gelangte sie nach einer Verschnaufpause in der D'Olier Street schließlich zum derzeitigen Standort. Dabei erwarb sie sich den Ruf der Pünktlichkeit, im Gegensatz zu einer anderen Dubliner Uhr, die den Ruf der Zeitung eher schädigte.

In den 1950ern waren die Geschäftsräume des Kohlenhändlers Andy Clarkin wegen ihrer nutzlosen Uhr an der Ladenfront, die seit Jahren nicht mehr funktionierte, bekannt. Und als sie weiterhin stillstand, nachdem Clarkin Dublins Bürgermeister geworden war, erzürnte sich Myles na gCopaleen, der Satiriker der »Irish Times«, in seiner täglichen Kolumne »Cruiskeen Lawn«. Der Name war ein weiteres Pseudonym von Brian O'Nolan, einem Beamten, der als Flann O'Brien auch Romane schrieb. Für ihn war die Uhr das Synonym für Clarkins politische Inkompetenz. Myles regte die Leser an, den Bürgermeister mit dem Spruch »Uhr steht still« zu grüßen. Mit der Zeit reduzierte er das Ganze zu dem Kurzwort ACCISS – *»Andy Clarkin's Clock is Still Stopped«* (Andy Clarkins Uhr geht immer noch nicht). Dies war nicht nur eine gekonnte Abkürzung, sondern auch ein genialer Scherz über die Gewohnheit des Bürgermeisters, das Wort ask falsch auszusprechen, und seine übertriebene Ehrerbietung gegenüber allem, was seine Frau anging, die er kurz Cis nannte.

Doch letztlich ging der Scherz auf O'Nolans Kosten. Obwohl Na gCopaleens Kolumnen seine Vorgesetzten häufig provoziert hatten, kam er aufgrund seines Pseudonyms glimpflich davon – und auch weil die Kolumne gelegentlich von anderen geschrieben wurde. Doch sein Eifer in der Clarkin-Kampagne führte dazu, dass er sich unter der Uhr fotografieren ließ. Und dieses Foto landete in seiner Beamtenakte. Kurz danach wurde verfügt, dass O'Nolans Zeit abgelaufen sei.

Adresse Kreuzung Tara Street und Townsend Street, Dublin 2 | **ÖPNV** alle Buslinien ins Stadtzentrum, DART zur Tara Street, »Luas Red Line« zur Abbey Street, dann fünf Minuten zu Fuß | **Tipp** Eine gute mündliche Version zu Myles na gCopaleens »Uhr steht still«-Kampagne ist die Schilderung des Schauspielers Val O'Donnell, www.storymap.ie/flanns-final-fanfare.

106 Die Vico Road, Killiney

Die Bucht von Neapel aus irischer Sicht

Wenn man sich vom Dorf Dalkey nach Süden wendet, wird man eine dramatische Veränderung der Ortsnamen feststellen und muss sich eingestehen, dass das Gewässer zu seiner Linken wohl doch nicht die Irische See ist, sondern das Tyrrhenische Meer. Plötzlich scheinen alle Straßen nach Orten in Italien benannt zu sein: Sorrento, Vico und Nerano. Genauso die Häuser: Amalfi, Casini und San Elmo. Der Grund wird erkennbar, wenn man die Vico Road hinaufgeht und auf den Strand und die Eisenbahnlinie unter sich blickt.

Nein, es liegt nicht daran, dass hier viele italienische Einwanderer wohnen, sondern weil die Dubliner, was das Landschaftsbild anbelangt, der Überzeugung sind, hier sei das Äquivalent der Bucht von Neapel. Die Hochstraßen in dieser Gegend werden manchmal auch die Hollywood Hills von Dublin genannt, da hier viele der reichen und berühmten Dubliner wohnen.

Aber zurück zu Italien: Der Blick auf die Bucht kann einen sicherlich an Sorrent oder Amalfi denken lassen, obwohl Dalkey Island wohl kaum Capri ist und der Killiney Hill mit 170 Metern über Meereshöhe nicht vulkanisch ist und wohl kaum mit dem Vesuv verwechselt werden kann. Das Einzige, was hier in letzter Zeit zum Ausbruch gekommen ist, sind die Immobilienpreise. Und da hier die begehrtesten Grundstücke Irlands liegen, gab es in letzter Zeit auch einige hochkarätige Rechtsstreitigkeiten.

Einige der schönsten und wertvollsten Abschnitte gehören jedoch noch dem Staat, einschließlich des Killiney Hill Park, der einst in Privatbesitz war, aber 1887 vom Staat als Geschenk zum 50. Thronjubiläum von Königin Victoria gekauft wurde. Heutzutage ist die Wanderung hinauf zum Gipfel, wo ein Obelisk steht, beliebt bei all denen, die sich körperlich ertüchtigen oder auch nur eine schöne Aussicht haben wollen.

Und wem das nicht steil genug ist, der kann die Klippen von Dalkey Quarry hochklettern.

Adresse Vico Road, Killiney, County Dublin | **ÖPNV** Buslinie 8 vom Dubliner Stadtzentrum oder mit der 59 von Dun Laoghaire aus; DART zur Dalkey Station, dann fünfzehn Minuten zu Fuß. Von der Vico Road führen zwei Fußgängerwege zum Killiney Park. | **Tipp** Besichtigung der unbewohnten Dalkey Island, 300 Meter vor der Küste, erreichbar mit dem Ruderboot (weitere Einzelheiten: www.kentheferry.com). Picknickverpflegung erhältlich.

107 Die War Memorial Gardens

Ein nachträgliches Denkmal

Die War Memorial Gardens, eine offizielle Gedenkstätte in Islandbridge, hatten die Dubliner den größten Teil des 20. Jahrhunderts aus ihrem Gedächtnis gestrichen. Sie erinnern an den Ersten Weltkrieg (1914–1918), als die Iren an der Seite Englands in einem unpopulären und politisch unsinnigen Krieg kämpften, was nach der Unabhängigkeit als peinlich empfunden wurde.

Das Projekt, von Edward Lutyens, einem der größten Architekten jener Zeit, entworfen, nahm einen guten Anfang. Die Arbeiten wurden größtenteils in den Depressionsjahren (1920er und 1930er Jahre) in Handarbeit ausgeführt – teils aus Ehrerbietung und teils als Arbeitsbeschaffungsmaßnahme. Dieses kunstvolle Denkmal *»war to end all wars«* (Krieg allen Kriegen) wurde paradoxerweise 1939 vollendet. Danach wollte man in Irland – die Regierung eingeschlossen – nichts mehr von ihm wissen, und es verwahrloste allmählich. Die Brunnen trockneten aus, die Rosengärten überwucherten, und die Mauern wurden von Graffitikünstlern »verschönert«.

Doch in den 1980ern begann man damit, die Gärten wieder auf Vordermann zu bringen. Die völlige Wiederherstellung dauerte noch bis 2011, als Königin Elizabeth Irland einen historischen Besuch abstattete. Anlässlich einer der diversen Versöhnungszeremonien wurde Islandbridge endlich offiziell zur Gedenkstätte erklärt.

Selbst heute noch sind die hier aufbewahrten Aufzeichnungen den meisten Dublinern unbekannt. In zwei abgeschlossenen Steinbauten befinden sich Bücher, in denen die 49.400 irischen Gefallenen des Ersten Weltkriegs mit ihrer Herkunft, ihrem militärischen Rang, ihrem Regiment und ihrer Todesursache verzeichnet sind. Die Bücher wurden illustriert von Harry Clarke, einem Künstler, der eher wegen seiner Glasmalerei bekannt ist, aber dessen Arbeit für die Kriegstoten jetzt ebenfalls der verspäteten Erleuchtung nutzt.

Adresse Islandbridge, Dublin 8, Tel. +353 (0)1/4757816, www.heritageireland.ie | **ÖPNV** Buslinien 51, 68, 69; »Luas Red Line« zur Heuston Station, dann zehn Minuten zu Fuß | **Öffnungszeiten** Mo–Fr ab 8 Uhr geöffnet, Sa und So ab 10 Uhr; Schließungszeit je nach Tageslicht. Zutritt zu den Buchräumen nur auf Verlangen | **Tipp** Nicht weit von den Gärten sind Picknicktische mit Blick auf die Liffey und den Islandbridge-Damm aufgestellt.

108 Das Wellington-Monument

Ein Obelisk mit einer Lügengeschichte

Es gibt eine weitverbreitete Legende, dass in den ersten Bauabschnitten im unteren Gewölbe ein privates Dinner für die Sponsoren stattgefunden habe. Dabei sollten Gelder für die weiteren Bauarbeiten gesammelt werden, bevor das Gewölbe, der Esstisch und alles andere als eine Art Zeitkapsel zugemauert würden. Und so geschah es auch laut der Legende.

Einige Zeit danach wurde festgestellt, dass ein Butler, der beim Dinner serviert hatte, vermisst wurde. Man vermutete, dass der Mann sich während des Servierens der einzelnen Gänge vom Wein der Gäste bedient habe und wohl am Ende des Abends in tiefen Schlaf gefallen sei, während alle Gäste sich zurückzogen.

Die Geschichte ist mindestens so aufgebauscht wie der Obelisk, der mit seinen 62 Metern Höhe in Europa den Rekord hält. Aber vermutlich soll sie ein Bauwerk romantisieren, das in jeder Hinsicht unzugänglich ist. Weder innerhalb noch außerhalb des Turms gibt es eine Treppe, auch keine Aussichtsplattform, und nirgendwo sind erklärende Tafeln angebracht. Es ist lediglich ein Gigant aus Granit, mit dem der Duke of Wellington glorifiziert wird. Und dieser Obelisk erntet nicht mehr Zuneigung als der Duke selbst, der zwar in Irland geboren wurde, aber das Land lediglich als englische Kolonie betrachtete.

Der Obelisk gibt immer wieder Anlass zu der Frage: Ist er ein Denkmal oder ein Zeugnis? Pedanten beharren darauf, dass Denkmäler für die Toten seien und dieser Koloss hier ein Zeugnis, da der Duke zu Beginn der Bauarbeiten noch sehr lebendig war, und dies auch noch, als ein paar Jahre später das Geld ausging und es jahrzehntelang nicht mehr mit dem Bauwerk voranging.

Als es endlich fertiggestellt war, war der Duke tot, ebenso der Phantom-Butler. Wenn man gefragt wird, antwortet man daher am besten: »Der Obelisk ist sowohl ein Zeugnis als auch ein Denkmal.«

Adresse Phoenix Park, Dublin 8 | **ÖPNV** Buslinien 25, 66 zur Parkgate Street, dann zehn Minuten zu Fuß; »Luas Red Line« zur Heuston Station, dann 15 Minuten zu Fuß | **Tipp** Die Messingreliefs auf beiden Seiten des Sockels wurden aus einer französischen Kanone gefertigt, die nach der Schlacht von Waterloo eingeschmolzen wurde.

109 Wittgensteins Stufe

Ein Refugium für einen der größten Denker des 20. Jahrhunderts

Der große österreichische Philosoph Ludwig Wittgenstein hatte die Angewohnheit, wenn er besonders intensiv nachdenken musste, in die »kältesten und trostlosesten Teile Europas« zu reisen. Und vermutlich verbrachte er aus demselben Grund einen Teil seiner späteren Jahre in Irland, und zwar in Connemara, Wicklow und Dublin.

In Dublin war er ein eifriger Besucher des Great Palm House der National Botanic Gardens, wo eher tropische Temperaturen garantiert waren. 1947 hatte er seine Anstellung als Lehrer an der Cambridge University aufgegeben und sich ganz dem Schreiben gewidmet. Während des Winters 1948/49 wurde er dabei beobachtet, wie er auf einer Steinstufe im Great Palm House der Botanic Gardens saß und Notizen in seinem Arbeitsheft machte, das posthum veröffentlicht wurde. Heute ist dort eine Tafel angebracht.

Das gemächliche Leben im Nachkriegs-Dublin stand in starkem Kontrast zu Wittgensteins turbulentem Leben. Er wurde in derselben Woche und im selben Jahr wie Hitler geboren, besuchte auch dieselbe Schule, war aber dem künftigen Diktator zwei Schuljahre voraus, da Hitler ein Jahr wiederholen musste und der geniale Wittgenstein eines übersprang.

Der Philosoph wurde lebenslang von Depressionen gequält, ein Familienerbe. Drei seiner Brüder begingen Selbstmord. Während seiner Zeit in Dublin begab er sich häufig in das St Patrick's Hospital für Psychiatrie und unterhielt sich mit den Patienten, vor allem mit einem älteren Mann, der angeblich klüger als alle Ärzte war.

Der Aufenthalt in Irland hat Wittgenstein als Schriftsteller inspiriert und auch seine psychische Verfassung verbessert, denn seine späteren Jahre waren glücklicher. Er soll, bevor er 1951 an den Folgen von Prostatakrebs in Cambridge starb, zur Frau seines Arztes gesagt haben: »Sagen Sie ihnen [seinen Freunden], dass ich ein wundervolles Leben gehabt habe.«

Adresse National Botanic Gardens, Glasnevin, Dublin 9, Tel. +353 (0)1/8570909, www.botanicgardens.ie | **ÖPNV** Buslinien 4, 9, 13, 83 | **Öffnungszeiten** März–Okt. Mo–Fr 9–17 Uhr, Sa und So 10–18 Uhr, Nov.–Feb. Mo–Fr 9–16.30 Uhr, Sa und So 10–16.30 Uhr | **Tipp** Seit 2013 sind die Botanic Gardens mit der historischen Nachbarschaft, dem Glasnevin Cementary, durch einen Fußgänger-Eingang verbunden. Dadurch erspart man sich einen 15-minütigen Fußweg. Zusammen mit dem Tolka Valley Park erstreckt sich hier die nach dem Phoenix Park zweitgrößte zusammenhängende Grünfläche in Dublin.

110 Die wunderbare Scheune

Ein überirdisches Wunderwerk der Architektur des 18. Jahrhunderts

Leixlip liegt streng genommen nicht im Großraum Dublin, sondern im County Kildare. Doch es gehört noch zum Einzugsgebiet: Mit dem Bus Nummer 67 sind es lediglich 45 Minuten bis zum Stadtzentrum. Und die Fahrt dorthin lohnt sich, kann man hier doch eines der bizarrsten Bauwerke besichtigen.

Die Wonderful Barn (»Wunderbare Scheune«) wurde 1743 erbaut, hauptsächlich als Arbeitsbeschaffungsmaßnahme zu Zeiten großer Not. Sie stellt eine klassische »Extravaganz« dar: ein architektonisches Phantasiegebilde, das von den Grundstücksbesitzern in Auftrag gegeben wurde, um den Blick auf das Castletown House im Osten zu lenken. Das Bauwerk windet sich 24 Meter hoch, hat eine Außentreppe und einen Krähennest-Ausguck am oberen Ende. Anscheinend diente es wirklich als Scheune, wie das Loch in der Mitte jedes Geschossbodens vermuten lässt. Eine andere Theorie besagt, dass es als Taubenschlag gedient haben könnte – zwei kleinere Taubenschläge in der Nähe sehen ganz ähnlich aus –, oder es wurde von Jägern als Schießstand genutzt. Leider ist es heute in keinem guten Zustand mehr und wirkt, wie die Gebäude in der Umgebung, heruntergekommen. Es bleibt zu hoffen, dass die zuständigen Institutionen wie der National Heritage Council und die Irish Georgian Society früher oder später eine neue Verwendung für das Gebäude finden.

Inzwischen kann man das korkenzieherähnliche Gebäude besichtigen, umsonst. Außerdem das Castletown House, erbaut zwischen 1722 und 1729 für William Conolly, den Sprecher des Irish House of Commons und damals Irlands reichster Mann. Castletown, das jetzt in Staatsbesitz ist, war das erste im Palladio-Stil erbaute Herrenhaus des Landes. Einer der schwer beeindruckten Besucher war der englische Aristokrat Richard Twiss, der 1775 bei seinem Besuch erklärte: »Das ist meiner Meinung nach das einzige Haus in Irland, das die Bezeichnung Palast verdient.«

Adresse Celbridge Road, Leixlip, County Kildare, Tel. +353 (0)1/6288252, www.castletown.ie | ÖPNV Buslinie 67 | Öffnungszeiten Die Öffnungszeiten von Castletown ändern sich monatlich. Führungen finden statt Mo–Sa 10.15 Uhr, dann jede Stunde von 11–17 Uhr; So 10.15 Uhr, 11–17 Uhr; ohne Führung 12–16.45 Uhr | Tipp Eine kleinere Version der Wonderful Barn gibt es in Rathfarnham, Dublin. Sie heißt »Bottle Tower«.

111 Ye Olde Hurdy-Gurdy Museum of Vintage Radio

Die Leidenschaft eines Mannes – heute eine Ausstellung

Von außen ist das Museum lediglich ein weiterer Martello-Turm, wie sie die Küste Dublins als Relikte der napoleonischen Panik in den frühen 1880er Jahren säumen. Im Inneren erweist es sich jedoch als eine erstaunliche Fundgrube von alten Radios, Grammophonen und Fernsehern, was eine chaotische, aber faszinierende Geschichte des Rundfunks im 20. Jahrhundert ergibt.

Die Anfänge des Museums wurden mit der Sammlung von Pat Herbert gelegt, einem Radio-Fan, dessen Haus allmählich überquoll. Zum Glück bot ihm 2003 das Fingal County Council den renovierten Turm als Ausstellungsort an. In der Frühzeit des Radios hat dieser Turm bereits für Experimente des Italieners Guglielmo Marconi, der die Langstrecken-Übertragung erforschte, und auch seines US-Rivalen Lee de Forest gedient. Beide konnten bereits Nachrichten übers Meer nach Wales senden. Gelegentlich wird auch gemunkelt, dass de Forests vielversprechende Arbeit nicht richtig gewürdigt wurde, weil angesehene Engländer in Marconis Unternehmen investiert hatten.

Die Exponate bieten alles, von einem alten Edison-Grammophon bis zu einer Langspielplatte aus der Frühzeit des 20. Jahrhunderts, die abgespielt wird über den Antrieb eines Spielzeug-Minibusses. Außerdem gibt es ein französisches Radio aus der Zeit des Zweiten Weltkriegs, getarnt als gerahmtes Porträt von Rita Hayworth.

Aus dieser Zeit stammt auch ein Pye-Radio-Gehäuse mit einem Art-déco-Design, das einen Sonnenaufgang darstellt. Ursprünglich drang die Sonne durch die Wolken. Das Radio verkaufte sich gut. Doch nach dem Krieg ließ man die Wolken weg, weshalb das Radio nun wie die japanische Flagge aussah. Daraufhin sanken die Verkaufszahlen in den USA rapide, und die meisten Gehäuse mussten verramscht werden.

Adresse Balscadden Road, Howth, County Dublin, Tel. +353 (0)86/815489, www.hurdygurdyradiomuseum.wordpress.com | ÖPNV DART nach Howth, dann zehn Minuten zu Fuß; Buslinien 31, 31a | Öffnungszeiten Mai–Okt. täglich 11–16 Uhr, Nov.–April Sa und So 11–16 Uhr. Eintritt: Erwachsene 5 Euro, Kinder frei | Tipp Der Name des Museums geht auf den Ausspruch des damaligen Irish Taoiseach (Premierminister) zurück, der das Radio seinerzeit als *»the old hurdy-gurdy«* bezeichnete.

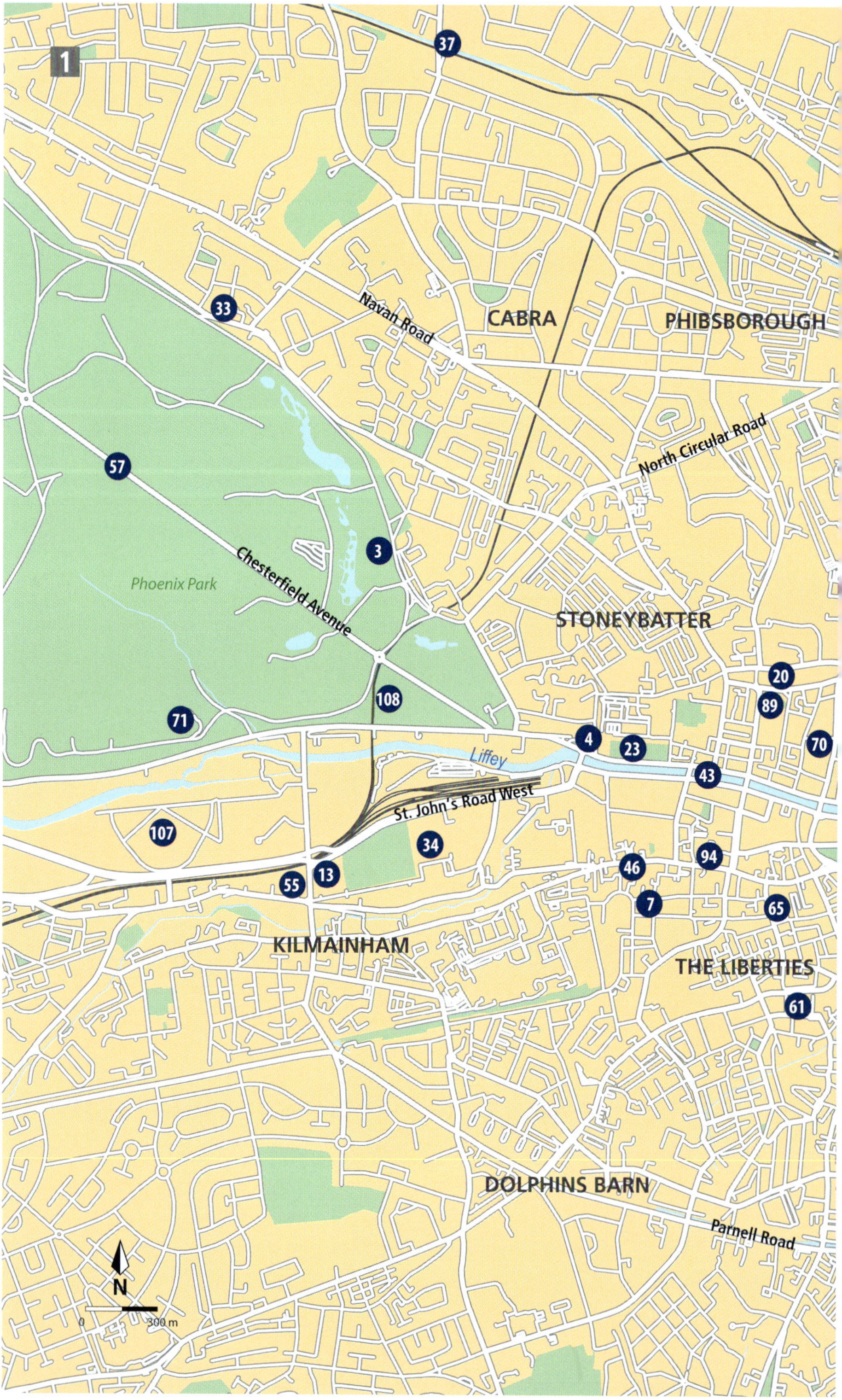
1
37
CABRA
PHIBSBOROUGH
Navan Road
33
North Circular Road
57
3
Phoenix Park
Chesterfield Avenue
STONEYBATTER
20
89
108
71
4
23
70
Liffey
43
St. John's Road West
107
34
94
46
13
55
7
65
KILMAINHAM
THE LIBERTIES
61
DOLPHINS BARN
Parnell Road
N
0
300 m

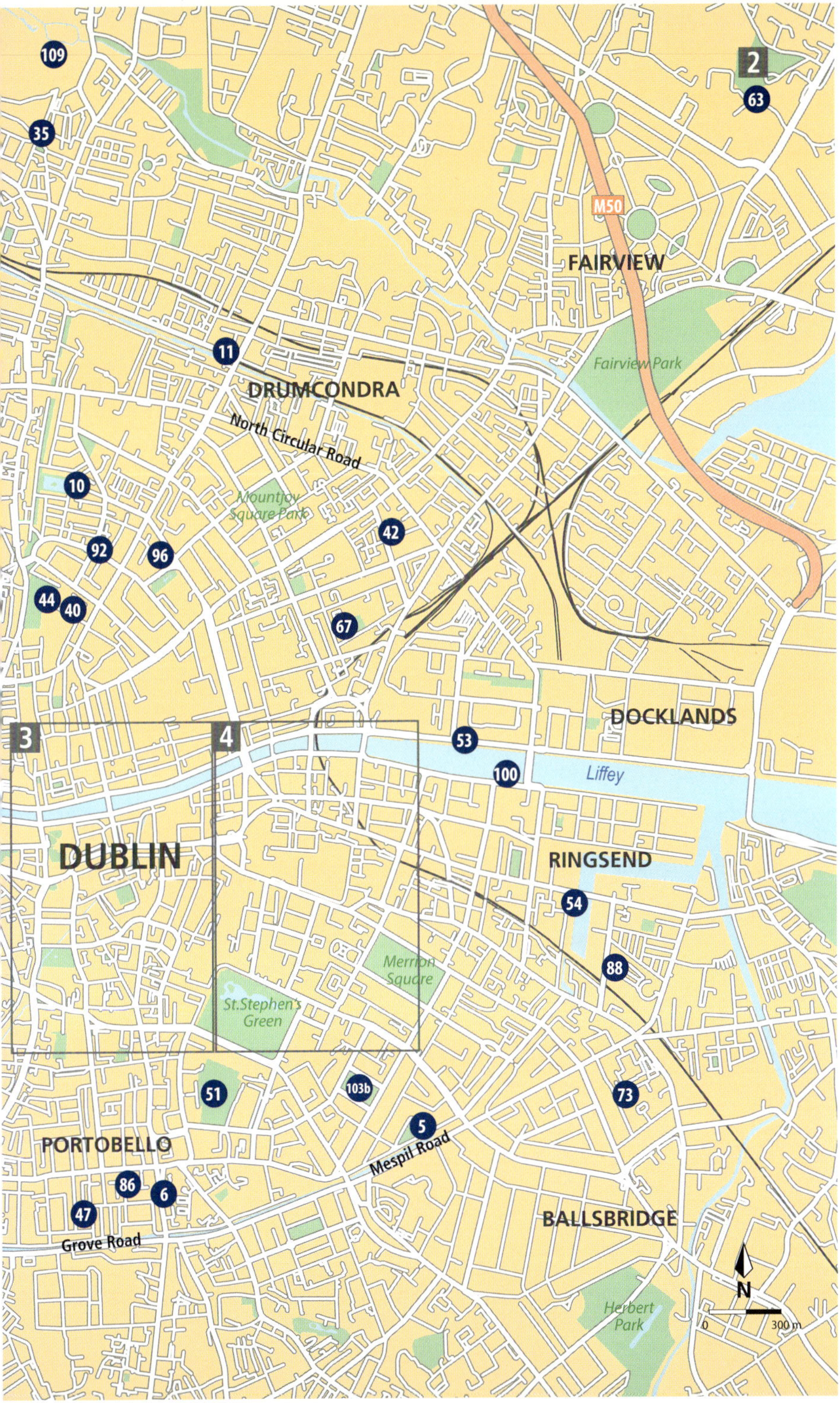

109
35
2
63
M50
FAIRVIEW
Fairview Park
11
DRUMCONDRA
North Circular Road
10
Mountjoy Square Park
42
92
96
44
40
67
3
4
53
DOCKLANDS
100
Liffey
DUBLIN
RINGSEND
54
Merrion Square
88
St.Stephen's Green
51
103b
73
5
Mespil Road
PORTOBELLO
86
6
47
Grove Road
BALLSBRIDGE
N
Herbert Park
0
300 m

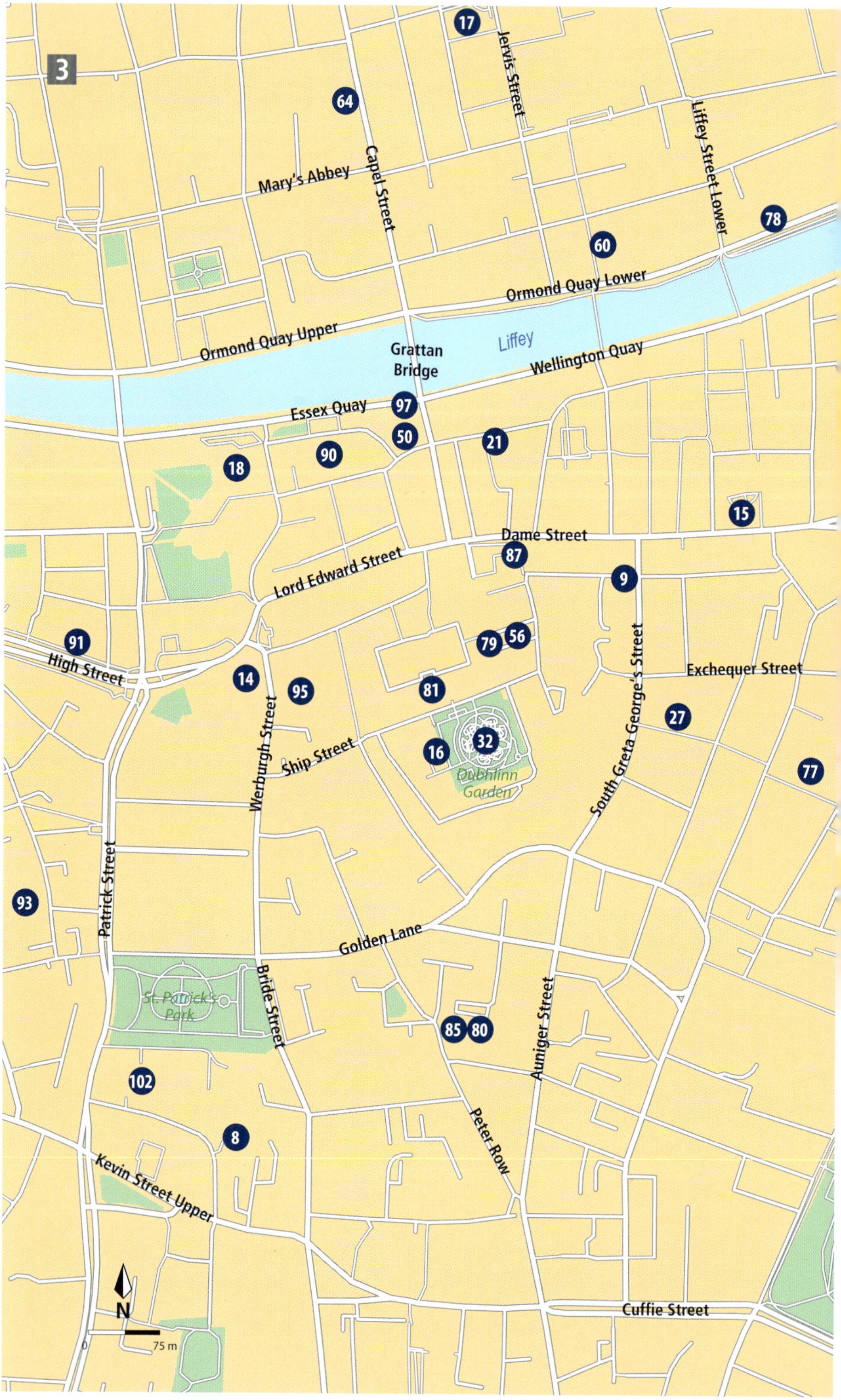
3
17
64
Jervis Street
Mary's Abbey
Capel Street
Liffey Street Lower
78
60
Ormond Quay Lower
Ormond Quay Upper
Grattan
Bridge
Liffey
Wellington Quay
Essex Quay
97
50
21
90
18
15
Dame Street
87
Lord Edward Street
9
91
56
79
High Street
Exchequer Street
14
95
81
Werburgh Street
South Great George's Street
27
32
16
Ship Street
77
Dubhlinn
Garden
Patrick Street
93
Golden Lane
St. Patrick's
Park
Bride Street
85
80
Aungier Street
102
Peter Row
8
Kevin Street Upper
N
Cuffe Street
0
75 m

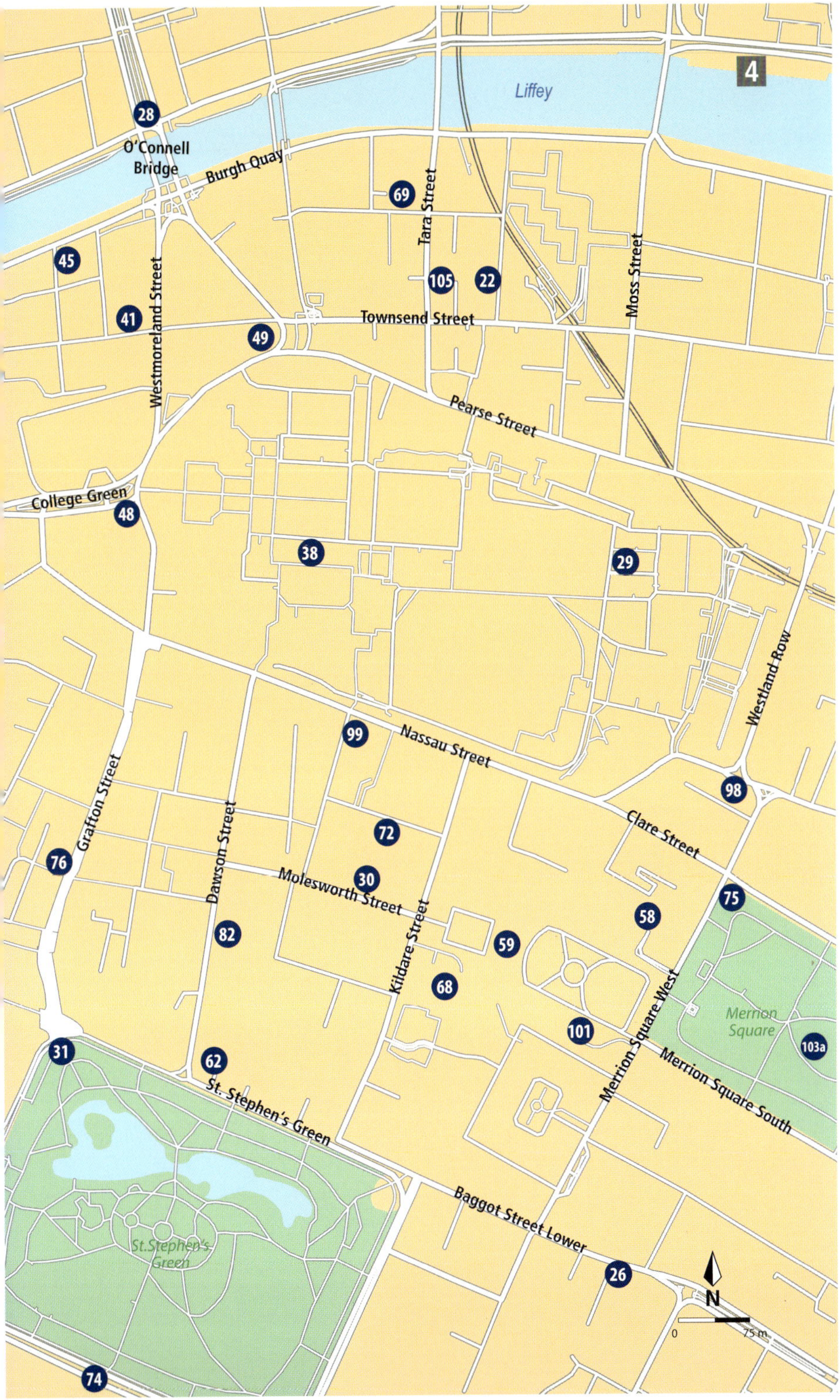
4
Liffey
O'Connell Bridge
Burgh Quay
Tara Street
Moss Street
Westmoreland Street
Townsend Street
Pearse Street
College Green
Westland Row
Nassau Street
Clare Street
Grafton Street
Dawson Street
Molesworth Street
Kildare Street
Merrion Square West
Merrion Square
Merrion Square South
St. Stephen's Green
Baggot Street Lower
St.Stephen's Green
N
0
75 m
28
69
45
105
22
41
49
48
38
29
99
98
72
76
30
75
58
82
59
68
101
103a
31
62
26
74

Rolestown
Donabate
M2
Swords
Kilbride
M1
Malahide
2
Portmarnock
Clongriffin
Ballymun
Beaumont
Finglas
Sutton
111
Coolock
Bayside
Blanchardstown
Howth
M50
Glasnevin
Donnycarney
Raheny
Castleknock
1
2
12
110
Cabra
Fairview
Clontarf
Palmerstown
24
DUBLIN
Docklands
Ballyfermot
3
4
36
Kilmainham
Sandymount
Dolphin's Barn
Clondalkin
Bluebell
19
Donnybrook
Kimmage
Milltown
Perrystown
Booterstown
Templeogue
66
Dundrum
Stillorgan
52
Tallaght
Ballyroan
84
Dun Laoghaire
1
Dalkey
Ballyboden
Ballinteer
M50
Cornelscourt
106
83
Killiney
Ballyogan
39
Ballybrack
104
Kilternan
Shankill
Glencullen
N
Bray
0
2 km
Enniskerry
Kilmacanogue

Dorothee Fleischmann,
Carolina Kalvelage
111 Orte in Budapest, die man gesehen haben muss
ISBN 978-3-95451-744-2

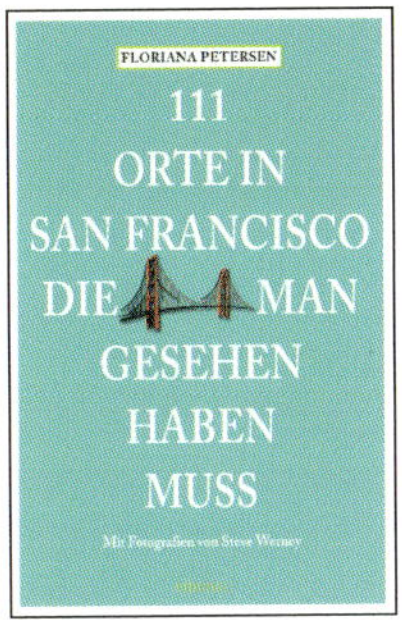

Floriana Petersen
111 Orte in San Francisco, die man gesehen haben muss
ISBN 978-3-95451-750-3

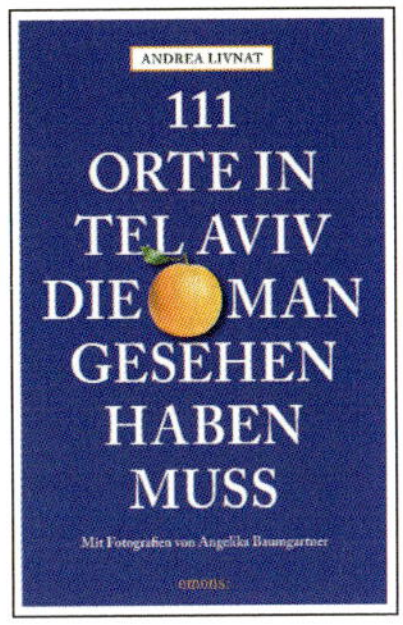

Andrea Livnat,
Angelika Baumgartner
111 Orte in Tel Aviv, die man gesehen haben muss
ISBN 978-3-95451-703-9

Oliver Schröter, Falk Saalbach
111 Orte in Zürich, die man gesehen haben muss
ISBN 978-3-95451-538-7

Cornelia Lohs
111 Orte in Bern, die man gesehen haben muss
ISBN 978-3-95451-669-8

Giulia Castelli Gattinara,
Mario Verin
111 Orte in Mailand, die man gesehen haben muss
ISBN 978-3-95451-617-9

Cornelia Ziegler,
Chris Sindermann
111 Orte auf Kreta, die man gesehen haben muss
ISBN 978-3-95451-540-0

Dorothee Fleischmann,
Carolina Kalvelage
111 Orte an der Costa Brava, die man gesehen haben muss
ISBN 978-3-95451-561-5

Jo-Anne Elikann
111 Orte in New York, die man gesehen haben muss
ISBN 978-3-95451-512-7

Ralf Nestmeyer
111 Orte an der Côte d'Azur, die man gesehen haben muss
ISBN 978-3-95451-563-9

Thomas Fuchs
111 deutsche Biere, die man getrunken haben muss
ISBN 978-3-95451-414-4

Rüdiger Liedtke,
Laszlo Trankovits
111 Orte in Kapstadt, die man gesehen haben muss
ISBN 978-3-95451-456-4

Gerd Wolfgang Sievers
111 Orte in Venedig, die man gesehen haben muss
ISBN 978-3-95451-352-9

Eckhard Heck
111 Orte in Maastricht, die man gesehen haben muss
ISBN 978-3-95451-368-0

Petra Sophia Zimmermann
111 Orte am Gardasee und in Verona, die man gesehen haben muss
ISBN 978-3-95451-344-4

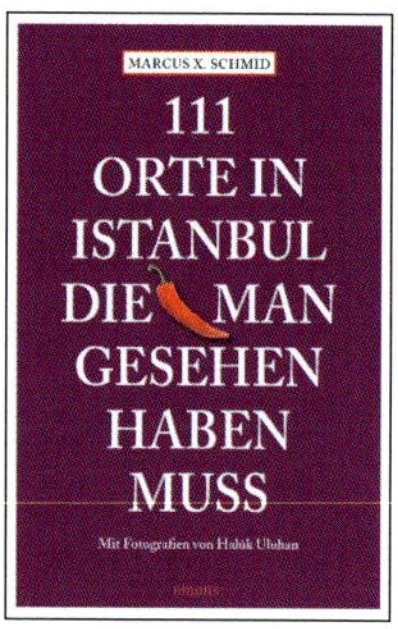

Marcus X. Schmid,
Halûk Uluhan
111 Orte in Istanbul, die man gesehen haben muss
ISBN 978-3-95451-333-8

Christiane Bröcker,
Babette Schröder
111 Orte in Stockholm, die man gesehen haben muss
ISBN 978-3-95451-203-4

Oliver Schröter
111 Orte für echte Männer, die man gesehen haben muss
ISBN 978-3-95451-228-7

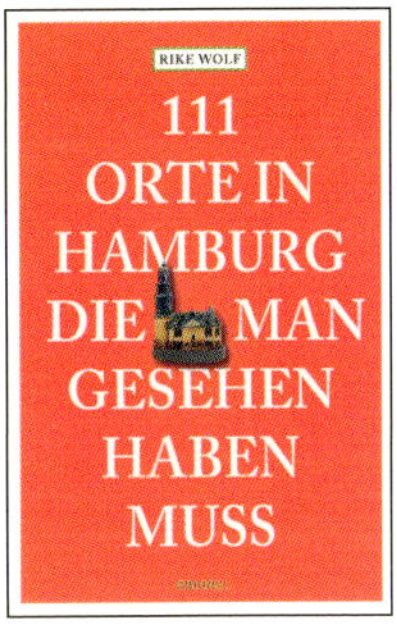

Rike Wolf
111 Orte in Hamburg, die man gesehen haben muss
ISBN 978-3-89705-916-0

Rüdiger Liedtke
111 Orte auf Mallorca, die man gesehen haben muss
ISBN 978-3-89705-975-7

Lucia Jay von Seldeneck, Verena Eidel, Carolin Huder
111 Orte in Berlin, die man gesehen haben muss
ISBN 978-3-89705-853-8

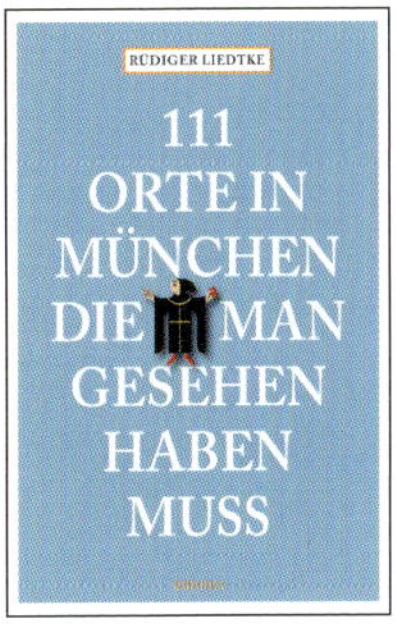

Rüdiger Liedtke
111 Orte in München, die man gesehen haben muss
ISBN 978-3-89705-892-7

Lucia Jay von Seldeneck, Verena Eidel, Carolin Huder
111 Orte in Berlin, die man gesehen haben muss
Band 2
ISBN 978-3-95451-207-2

Bernd Imgrund, Britta Schmitz
111 Kölner Orte, die man gesehen haben muss
Band 1
ISBN 978-3-89705-618-3

Bernd Imgrund, Britta Schmitz
111 Kölner Orte, die man gesehen haben muss
Band 2
ISBN 978-3-89705-695-4

Marx de Morais
111 Orte in Turin und im Piemont, die man gesehen haben muss
ISBN 978-3-95451-736-7

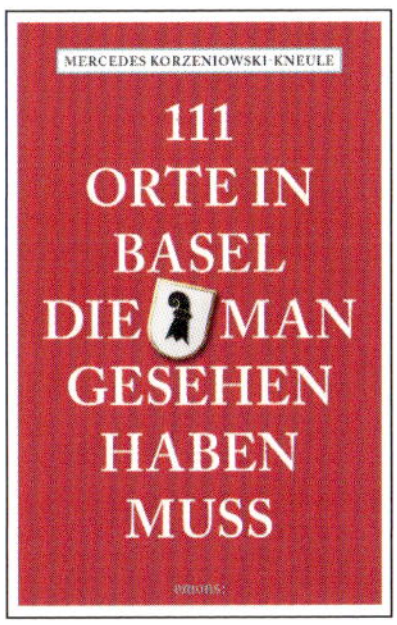

Mercedes Korzeniowski-Kneule
111 Orte in Basel, die man gesehen haben muss
ISBN 978-3-95451-702-2

Der Autor

Frank McNally ist Zeitungsreporter und Kolumnist. Er wurde im County Monaghan in der Nähe der irischen Grenze geboren und zog als Jugendlicher nach Dublin, wo er für verschiedene staatliche Stellen arbeitete. Später studierte er an der Dublin City University Journalistik. 1996 wurde er Mitarbeiter bei der »Irish Times«, wo er heute die tägliche Kolumne »An Irishman's Diary« betreut.

Die Fotografin

Róisín McNally wurde in Dublin geboren und wuchs dort auf. Zusammen mit ihrem abenteuerlustigen Vater besuchte sie viele der weniger bekannten Orte, die in diesem Buch beschrieben werden. Zurzeit studiert sie am Institute of Education in Dublin.